本书获得中国社会科学院登峰战略"优势学科"（世界经济）和中国社会科学院研究所创新工程项目"中美博弈背景下的国际金融稳定与金融安全"的资助。

储蓄—投资视角的中国经常账户研究

China's Current Account Study from the Savings-Investment Perspective

杨盼盼、徐建炜、马光荣 著

中国社会科学出版社

图书在版编目（CIP）数据

储蓄-投资视角的中国经常账户研究 / 杨盼盼，徐建炜，马光荣著. —北京：中国社会科学出版社，2023.4
ISBN 978-7-5227-1853-8

Ⅰ.①储… Ⅱ.①杨… ②徐… ③马… Ⅲ.①储蓄—研究—中国 Ⅳ.①F832.22

中国国家版本馆 CIP 数据核字（2023）第 076133 号

出 版 人	赵剑英
责任编辑	白天舒
责任校对	师敏革
责任印制	王 超

出　　版	中国社会科学出版社
社　　址	北京鼓楼西大街甲 158 号
邮　　编	100720
网　　址	http://www.csspw.cn
发 行 部	010-84083685
门 市 部	010-84029450
经　　销	新华书店及其他书店
印　　刷	北京明恒达印务有限公司
装　　订	廊坊市广阳区广增装订厂
版　　次	2023 年 4 月第 1 版
印　　次	2023 年 4 月第 1 次印刷
开　　本	650×960　1/16
印　　张	10.75
字　　数	112 千字
定　　价	58.00 元

凡购买中国社会科学出版社图书，如有质量问题请与本社营销中心联系调换
电话：010-84083683
版权所有　侵权必究

目　　录

引　言 …………………………………………………… 1

第一章　经常账户研究的三重视角 …………………… 7
　一　外部视角：国际收支 …………………………… 9
　二　内部视角：储蓄—投资 ………………………… 12
　三　动态视角：跨期含义 …………………………… 14
　四　本书的视角 ……………………………………… 16

第二章　储蓄—投资视角经常账户研究的文献综述 … 19
　一　储蓄—投资视角研究的基本方法 ……………… 21
　二　居民部门视角 …………………………………… 22
　　　（一）人口结构变迁 …………………………… 22
　　　（二）文化差异 ………………………………… 26
　　　（三）金融约束 ………………………………… 30
　三　企业部门视角 …………………………………… 31

· 1 ·

　　　　（一）资本边际回报率的差异 …………………… 32
　　　　（二）金融市场与"全球储蓄过剩" …………… 35
　　四　政府部门视角 ………………………………………… 38
　　　　（一）政府财政支出 …………………………… 39
　　　　（二）政府发展战略和"布雷顿森林体系Ⅱ" …… 42

第三章　中国经常账户储蓄—投资视角的分解框架和
　　　　指数分解分析 ……………………………………… 47
　　一　数据来源 …………………………………………… 49
　　二　分解框架 …………………………………………… 51
　　三　指数分解分析（IDA）……………………………… 58
　　四　主要结果 …………………………………………… 60
　　　　（一）分部门储蓄率和投资率 ………………… 60
　　　　（二）分部门储蓄率和投资率的分解 ………… 64
　　　　（三）指数分解分析（IDA）…………………… 68

第四章　国际金融危机前的中国经常账户 ……………… 71
　　一　典型事实 …………………………………………… 73
　　二　分部门特征 ………………………………………… 76
　　　　（一）居民部门 ………………………………… 76
　　　　（二）政府部门 ………………………………… 82
　　　　（三）企业部门 ………………………………… 88
　　　　（四）收入占比 ………………………………… 97

第五章　国际金融危机后的中国经常账户 …………… 101
　一　典型事实 …………………………………………… 103
　二　分部门特征 ………………………………………… 106
　　（一）企业部门 ……………………………………… 106
　　（二）居民部门 ……………………………………… 109
　　（三）政府部门 ……………………………………… 111

第六章　总结与展望 ………………………………………… 121
　一　国际金融危机前后的经常账户有何不同 ………… 123
　　（一）居民部门 ……………………………………… 123
　　（二）企业部门 ……………………………………… 128
　　（三）政府部门 ……………………………………… 132
　二　新冠疫情对经常账户的影响 ……………………… 134
　三　中国顺差国角色展望 ……………………………… 140

参考文献 …………………………………………………… 153

引　言

在过去的二十余年时间里,中国的经常账户一直是国内外理论界和政策界关注的焦点。在国际金融危机之前,对于全球失衡的讨论较难绕开中国经常账户顺差在其中扮演的角色。在国际金融危机之后,中国经常账户顺差迅速下降,中国的国际收支步入了一个全新的时期,经常账户顺差不再那么令人担忧。但是问题仍然存在:中国经常账户缘何出现快速上升?为何在过去十年中又出现较大规模的缩窄?中国国际收支的未来走势将会如何?

理解经常账户顺差,可以分为内部视角和外部视角①,其中,外部视角强调贸易、资本流动和对外净资产,内部视角则主要探讨国内储蓄远大于投资的问题。从内部失衡与外部失衡的内外关联性来看,二者是等价的,但是从储蓄—投资失衡的角度来解释经常账户失衡更容易帮助发现造成一国失衡的内在性因素,从而为一国推动相关领域的经济改革指

---

① 本书的第一章将对理解经常账户的多重视角进行详细阐述。

明方向。从储蓄—投资失衡视角对中国的经常账户顺差予以解读，能够更加充分地反映中国经常账户顺差形成及演变的独特性。因此，对于经常账户的分析，从储蓄—投资的双重视角进行全面考察是必要的，这也是本书研究的出发点。

无可否认，造成经济失衡的原因是多方面的。但若是从经济学的基本原理出发，它必然是不同理性主体在实现自身利益最大化时的行为结果。因此，一个简单的文献归类方法，是将其背后的要素归因于不同的行为主体：居民部门、企业部门和政府部门。以上三个部门的储蓄和投资行为差异及变化，最终造成一国的储蓄—投资失衡。从上述三个部门的视角展开对储蓄—投资缺口的分析已有较多代表性的文献，具体如下。

居民部门一般是净储蓄者，投资较少且变化亦不会太明显。因此从居民视角研究失衡，主要是从高储蓄率的角度出发。解释的角度主要包括以下几点。（1）人口因素。Modigliani 和 Cao（2004）、Chamon 和 Prasad（2010）等均从劳动人口比例变化视角解释中国居民的储蓄率变化，但是实证研究结果并不一致；Du 和 Wei（2010）、Wei 和 Zhang（2011）认为男女性别比例失衡导致的婚姻市场上的竞争激烈，是造成居民高储蓄的重要原因；刘生龙等（2012）则认为预期寿命的增长能够用于解释中国居民储蓄率的上升。朱超等（2018）分析人口年龄结构对经常账户的冲击，主要体现为中年、老年人口比重负向影响经常账户余额。（2）预防性储蓄因素。这类文献主要从各类体制改革带来的不确定性入手,包括高等教育改革(杨汝岱、陈斌开,2009)、养老金改革(Feng et al.,2011)、计划生育政策(汪伟,2010)等。(3)金融因素。由于金融市场的不发达,居民部门较难通过金融市场借贷增加当期消费,从而推高储蓄率(万广华等,2001;Aziz和Cui,2007)。(4)文化习惯因素,包括宗教、历史、消费文化、社会流动性等(Cole et al.,1992;Guiso et al.,2006;叶德珠等,2012;Nieminen、Heimonen和Mangeloja,2015)。

企业部门是净投资者,因此从企业视角出发的研究主要从资本回报率、金融发展、产业结构和企业未分配收入增长等角度展开。(1)资本回报率。资本回报率越高(低)的国家,越容易出现资本的净流入(流出),从而形成经常账户逆差(顺差)(Glick和Rogoff,1995;Engel和Rogers,2006)。(2)金融发展。Caballero等(2008)、Mendoza等(2009)、Ju和Wei(2010)认为,金融发展水平较低的国家,国内储蓄难以充分转化为企业投资,造成这些国家储蓄—投资缺口扩大。金融发展差异与全球储蓄过剩(Bernanke,2005)、安全资产供给不足(Caballero等,2017)密切相关。Song等(2011)以中国为例,考察了国有企业与私营企业的融资约束差异对企业储蓄的影响。其他研究还包括佟家栋、云蔚和彭支伟(2011)、肖立晟和王博(2011)。(3)产业结构。Jin(2012)认为国家间产业要素密集度差异,会造成净资本由以劳动密集型产业为主的国家流到以资本密集型产业为主的国家,进而造成不同国家的储蓄—投资差异。徐建炜和姚洋（2010）认为，各国金融业和制造业的产业分工差异，是导致储蓄—投资缺口即经常账户失衡的原因。（4）企业未分配收入增长。樊纲等（2009）认为，由资源价格上涨、垄断利润提高和国企不分红导致的企业未分配收入大幅增长，从而由企业储蓄过高导致储蓄—投资失衡。

从政府的视角理解储蓄—投资失衡，在文献中也时常被提及，被称为"双赤字"理论。理论上，政府的财政收支余额是经常账户差额的组成部分，二者往往同向变化。Oudiz 和 Sachs（1984）、De Gregorio 和 Wolf（1994）、Kim 和 Roubini（2008）等从理论和实证的视角分析了这一观点，但并未得出一致结论。徐忠等（2010）、Chen 和 Yao（2011）分别强调中国公共支出和基础设施投资支出在储蓄—投资失衡中发挥的作用。

但是，如果仅从单一部门的特殊性出发解释储蓄—投资缺口的变化，无法判断三部门在中国储蓄—投资缺口扩大中扮演角色的相对重要性，也忽视了各个部门之间储蓄—投资的动态关联。如何从全局的角度探讨各个部门在失衡演进中发挥的作用，是本书关注的问题。本书利用国家统计局公布的《资金流量表》中的数据，对 2002—2020 年中国储蓄—投资缺口变化的原因进行一个全面的理解与剖析，将国内部门分为居民部门、企业部门和政府部门三个部分，分析各个部门的储蓄和投资行为对储蓄—投资缺口的贡献。本书还利

引 言

用指数分解分析（IDA）方法，分析各类因素的相对重要性。本书将中国储蓄—投资视角的经常账户分析以国际金融危机为界，分析危机前的快速上升和危机后的迅速下降。

在国际金融危机之前，我们看到了将中国经常账户盈余上升与经济结构特征联系起来的多种理论解释，这符合现代经济学对经常账户余额作为跨期概念的理解（Obstfeld 和 Rogoff，1995）。然而，这些理论是否可以用于解释国际金融危机后的中国经常账户呈现的特征？哪些因素更适用于解释国际金融危机后中国经常账户的变化？本书最后一章尝试对此进行评述。本书的最后一章还将就新冠疫情后中国经常账户的变化以及后疫情时期中国经常账户的走势做一展望。

本书的章节安排如下：第一章简要概述对经常账户决定开展研究的三重视角，包括外部视角、内部视角和动态视角，并说明本书选取内部视角开展经常账户研究的原因；第二章为从内部视角开展对经常账户研究相关文献的综述，主要分居民、企业、政府三个部门的视角展开；第三章介绍本书的分析框架，包括基于资金流量表的对各部门储蓄率和投资率的分解，以及进一步的储蓄倾向、投资倾向和收入占比的分解，并基于分解开展指数分解分析，本章还对分解结果进行了概括式的总结；第四章从内部视角分析国际金融危机前中国经常账户的分部门特征，重点关注为何中国经常账户的顺差在2002—2007年出现上升；第五章从内部视角分析国际金融危机之后的经常账户，分两个阶段从三部门视角分析了经常账户危机后的快速下降及之后的缓慢下降的主导原因;第六章对前述分析进行了总结,重点在于分析国际金融危机前主导经常账户走势的主要因素和解释经常账户顺差的主要理论能否适应国际金融危机后经常账户走势的变迁,哪些因素更适用于解释危机后经常账户变化的典型事实。本章还对新冠疫情期间(2020—2022年)的中国经常账户变化进行内部视角的分析,对后疫情时期中国的经常账户顺差国角色进行展望。

第一章
经常账户研究的三重视角

第一章 经常账户研究的三重视角

一 外部视角：国际收支

在经常账户研究中，最直观的研究视角是外部视角。这是因为经常账户这个概念本身源自国际收支平衡表。按照国际货币基金组织（IMF，2009）编制的《国际收支和国际投资头寸手册》（第六版，BPM6），国际收支平衡表的主要项目包括三大类，分别为：经常账户、资本账户①和金融账户。经常账户作为国际收支平衡表中的一个大类存在，其包括三个子类目——货物和服务账户、初次收入账户和二次收入账户。因此，从经常账户的外部视角开展研究，就主要是从国际收支平衡表经常账户项下的各分项出发，分析各分项的影响因素，从而对整体的经常账户走势有一定的研判和把握。除此之外，由于国际收支平衡表采取复式记账法进行编制，经常账户和资本与金融账户互为镜像关系，因此，经常账户走势本身就能够反映一国在某一特定时期的债权债务关系。因而，在分析国际收支问题时，会直接采用经常账户作为分析标的。

从一个较正式的视角出发，从外部视角理解经常账户，核心是关注两个恒等式。第一个恒等式是从经常账户的定义出发：

---

① 不同于资本账户开放中的资本账户，此处资本账户反映的是非生产非金融资产的取得和处置，而通常意义上理解的资本账户开放中的资本账户，实质上是国际收支平衡表中金融账户所对应的相关内容。

储蓄—投资视角的中国经常账户研究

$$CA \equiv TG+TS+ PI +SI \qquad (1.1)$$

其中，CA 是经常账户余额，TG 是货物贸易余额，TS 是服务贸易余额，PI 是初次收入余额，SI 是二次收入余额。

对于主要的经济体而言，贸易规模往往是最大的，因而成为关注的核心内容。在不考虑初次收入和二次收入的情况下，对于贸易决定因素的分析，是经常账户外部视角分析中最经常关注的内容。这其中就包含了使用各类贸易理论分析贸易的决定因素，以及和国际金融研究密切相关的汇率与贸易问题，包括汇率调整在什么条件下可以改善国际收支，这涉及马歇尔—勒纳条件是否成立，以及对于汇率调整是否真的可以改善贸易收支的讨论，这些讨论往往与东亚出口导向政策、重商主义、汇率操纵等讨论联系在一起（例如，Gruber 和 Kamin，2007）。在具体的研究实践中，会广泛地讨论究竟使用何种汇率，是双边汇率、名义有效汇率还是实际有效汇率，也会讨论汇率对贸易收支随时间变化的影响[①]。此外，经常账户的短期变动也是外部视角关注的重要内容，大宗商品价格的变化会给大宗商品出口国和依赖能源进口国的经常账户带来短期影响。贸易的结构也是关注的重点，例如新兴经济体的货物贸易余额更受关注，而发达经济体的服务贸易是其贸易的重要组成。

初次收入账户反映的是为劳动力、金融资源或非生产非

---

① 例如对于 J 曲线和 S 曲线的讨论，参见 Bahmani-Oskooee 和 Hegerty（2010）。

金融资产的使用而产生的应收或应付的金额，其核心组成是雇员报酬、投资收益以及其他初次收入。这一项在经常账户分析和国际收支调节中也很重要。特别是投资收益项主要由历史上积累的对外资产/负债产生，因而是连接流量"失衡"和存量"失衡"的桥梁。二次收入账户反映的是居民与非居民之间的经常转移，体现收入分配效应，代表性的交易包括个人转移和国际援助。

从外部视角理解经常账户的第二个恒等式是从国际收支平衡表编制的复式记账法中来，国际收支平衡表中所有交易合计应当恒等于 0，其中不平衡的部分将体现在误差与遗漏项中，因此，有如下恒等式：

$$CA+KA+FA+EO \equiv 0$$

其中 KA 是资本账户差额，FA 是金融账户差额，EO 是误差与遗漏项。由于资本账户 KA 一般较小，可以忽略，误差与遗漏项在特定情形下会加以分析，如果不考虑，则可以将经常账户的第二个恒等式写作：

$$CA \equiv -FA \qquad (1.2)$$

其内在含义是，在开放经济条件下，以经常账户表示的一国向国外提供的净资源或来自国外提供的净资源（分别对应经常账户的顺差或者逆差），必然要与对世界其他地方的净债权的增加（净负债的减少）或净负债的增加（净债权的减少）相对应。而在 FA 中，包含了储备资产的交易和储备资产之外的其他金融账户交易，因此，如果经常账户顺差增加，则意味着货币当局购买的外汇储备资产增加，或官方及私人部门对外形成债权；反之，经常账户逆差则意味着海外资产的出售或增加对外负债。

二 内部视角：储蓄—投资

经常账户的内部视角将经常账户这一反映国际收支的外部变量与国内视角的储蓄和投资相关联。经常账户体现了本国各个部门（居民、非金融企业、金融企业、政府部门）与世界其他地方的关系，而国内各部门的储蓄和投资行为也势必受到这些部门与世界其他地方关系的影响。本质上，经常账户和储蓄、投资都是国民账户体系（SNA）的一部分。

分析经常账户和储蓄、投资之间的关联可以从国民账户恒等式出发，支出法的国内生产总值（GDP）可以写为：

$$GDP = C + I + G + NX \qquad (1.3)$$

其中，C 为居民部门消费，I 为资本形成总额，G 为政府部门消费，NX 为货物和服务的净出口。国民可支配总收入（NI）是指国内生产总值（GDP）加上来自国外收入（IC），包括初次收入和二次收入之和：

第一章 经常账户研究的三重视角

$$NI = C+I+G+NX+IC$$

根据经常账户外部视角的恒等式，经常账户余额为：

$$CA = TG+TS+PI+SI$$
$$= NX+IC$$

因此，经常账户余额可以视为可支配收入与支出的差额：

$$CA = NI-(C+I+G)$$

在国民账户体系中，总储蓄被定义为可支配收入减去总消费：

$$S = NI-(C+G)$$

将上述带回至经常账户余额的表达式中，可以得到经常账户差额等于储蓄和投资的差额：

$$CA = S-I \qquad (1.4)$$

进一步的，区分私人部门和政府部门，可以更为详细地分析经常账户差额与储蓄和投资之间的相互关系：

$$S-I = S_p+S_g-I_p-I_g$$

则经常账户差额可以被理解为是不同部门储蓄和投资差额之和：

$$CA = (S_p - I_p) + (S_g - I_g) \quad (1.5)$$

通常来说，对于私人部门的储蓄投资行为分析会进一步被拆分成对居民和企业（主要是非金融企业）的储蓄投资行为的分析，公共部门则关注政府的储蓄和投资行为。

三 动态视角：跨期含义

经常账户动态视角将经常账户视为一个国家的跨期预算约束。经常账户顺差意味着一国正在积累净对外资产，经常账户逆差则意味着一国正在减少净对外资产。而对外净资产的变动将影响各国进一步借贷的能力，从而对一国的跨期预算产生约束。为了看清楚这一点，可以从国际收支平衡表编制的复式记账法所反映的恒等式出发，所有国际收支交易（包含误差与遗漏项）合计等于 0：

$$CA + KA + FA + EO = 0$$

其中，KA 是资本账户余额，FA 是金融账户余额，EO 是误差与遗漏项余额。由此，可以将除经常账户之外的其他各项移至等式右边，得到经常账户的镜像表达式：

第一章 经常账户研究的三重视角

$$CA = -(KA+FA+EO)$$

这个表达式的含义是经常账户差额等于资本账户和金融账户差额、误差与遗漏项差额颠倒符号后的和。由于 KA 金额一般较小，可以忽略。在不考虑误差与遗漏项的情况①下，可以将上面的式子进一步写为：

$$CA = -FA \qquad (1.6)$$

其内在含义是：在开放经济条件下，一国向国外提供的资源净出口（$CA>0$）或来自国外的资源净进口（$CA<0$），必须与对世界其他地方净资产②的增加（或净负债的减少）（$FA<0$）③或对世界其他地方净负债的增加（或净资产的减少）（$FA>0$）相匹配。更进一步的，FA 包含了非储备资产之外的金融账户余额，以及储备资产账户余额，这意味着，经常账户顺差体现为净资产增加，其可以表现为货币当局购买外汇储备资产，或者是形成对非居民的私人或其他官方资产所有权。经常账户逆差则体现为别国货币当局持有外汇储备资产，或者是形成对非居民的私人或其他官方负债。

FA 本身的含义是净金融资产余额变动，如果将一国的总

---

① 误差与遗漏项一般是随机扰动项，但是近年来中国的误差与遗漏项值得关注，参见余永定和肖立晟（2017）。
② 这里的"净资产"和下一句的"净负债"反映的是广义层面的资产和负债，包含了资本与金融账户项下的各细目内容。例如，对外直接投资（FDI）对于投资宗主国而言是形成对外资产，而对于投资东道国而言是形成对外负债。
③ 小于零表示净资产增加，大于零表示净负债增加。

对外资产记为 B，那么：

$$CA = B - B_{-1} \qquad (1.7)$$

这一设定使得经常账户分析具有了跨期含义，如果经常账户顺差，则意味着：$B > B_{-1}$，对应的是对外资产的积累或是对外负债的减少；如果经常账户的逆差，则意味着：$B < B_{-1}$，对外是对外资产的减少或是对外负债的增加。一国的国际投资头寸（存量）将影响未来的经常账户（流量）变化，其主要渠道有四个：其一，新取得的资产或新生成的债务将最直接的对应经常账户的变化；其二，对外资产或负债本身的价值变动；其三，持有资产或负债所获得的收益/支出的成本；其四，汇率变动带来的以相同货币计价的资产价值变动。如果对外净资产可以取得持续的收益，那么即使经常账户逆差，也能有相应的资金收入为之提供支持，在这种情况下，经常账户的可持续性上升，而融资约束就没有那么紧，这是经常账户动态视角的最重要引申含义。因此，这一视角，也常被用于解释美国为何能够持续保持经常账户逆差（Gourinchas 和 Rey，2007）。

四　本书的视角

上文总结了经常账户研究的三重视角，通过上述分析不难发现，三重视角都是基于国际收支平衡表所内含的恒等式

第一章 经常账户研究的三重视角

和国民收支恒等式得来，因此其具有内在的统一性。但是三个视角的侧重点又有所不同：外部视角更适合对于经常账户的短期变动做追踪分析，动态视角则更多地将经常账户这一流量变量同对外净资产这一存量变量结合起来，内部视角则适合对经常账户的结构性变化和趋势性因素做分析。

相较于外部视角和动态视角，内部（储蓄—投资）视角分析经常账户有如下优势：从内部视角来看，对于经常账户的决定可以从居民部门、企业部门和政府部门的储蓄投资行为展开，从而拓展了经常账户研究的边界；相较于外部视角的分析，内部视角更加关注国内经济体的行为将如何影响经常账户和国际收支，由于国内经济体的行为更受到国内政策的影响，因而内部视角的分析更加关注国内各类型政策如何影响经常账户，继而当国际收支需要调节的时候，可以通过调整国内经济政策的方式来实现；相较于外部视角偏短期、偏周期性的分析，国内经济体的储蓄投资行为在很多时候可以反映一个经济体的结构性特征，因此，从内部视角分析经常账户，可以更多地从结构性、趋势性的视角展开，其反映的特征也更能体现一国经常账户在中长期的走势。

本书关注中国自 2002 年以来近二十年的经常账户变迁，在这一较长的历史时间中，中国经常账户经历了较大的变化，其间伴随有各类较大规模的冲击，包括 2008 年的国际金融危机和 2020 年来的新冠疫情冲击。中国经济在过去二十年中也经历了显著的结构转型。根据国家统计局的数据，中国居民人均可支配收入由 2002 年的 4532 元上升至 2021 年的 35128 元，人均收入的上升也带来储蓄、投资行为的变化。从这个视角出发，关注中国经常账户的中长期结构性特征是十分必要的。因而，本书选取储蓄—投资视角对中国的经常账户展开分析。

第二章
储蓄—投资视角经常账户研究的文献综述[①]

[①] 本章的早期版本以《全球失衡的内在根源：一个文献综述》发表于《世界经济》2012年第10期，作者对文献进行了更新。

第二章 储蓄—投资视角经常账户研究的文献综述

一 储蓄—投资视角研究的基本方法

正如第一章所述,本书采用储蓄—投资的内部视角研究经常账户问题。从第一章的式(1.4)出发,经常账户差额可以被理解为私人部门和公共部门储蓄和投资差额之和。由于居民部门和企业部门的储蓄投资行为有较大的差异,对于私人部门的储蓄投资差额又可以进一步地拆分成对居民和企业的储蓄投资行为分析,公共部门则关注政府的储蓄和投资行为。因此,可以将经常账户余额进一步写为居民部门储蓄投资差额、企业部门储蓄投资差额、政府部门储蓄投资差额之和:

$$CA = (S_h - I_h) + (S_f - I_f) + (S_g - I_g) \quad (2.1)$$

这一分解框架有较强的现实意义。在经常账户研究的文献中,对于不同的代表性经济体,储蓄投资的影响因素和影响程度是截然不同的:对于居民而言,绝大多数研究是从居民的储蓄行为角度展开,由于居民储蓄具有平滑的特征,其对于经常账户的影响是趋势性的,但在某些特定的冲击之下,居民储蓄也会发生较大的波动,从而带来经常账户的波动;对于企业而言,投资决策是影响的主要因素,投资决策受宏观经济周期的影响较大,构成经常账户中重要的波动项,但企业的储蓄行为亦会受到影响,特别是储蓄向投资转化能力的差异即金融部门的影响；对于政府而言，从储蓄和投资差额角度的探讨则更加广泛，因为这一框架与政府的财政政策更加契合，同时，政策行为也会影响到其他部门代表性个体的行为。因此，本章从居民、企业和政府的视角分别梳理相关文献进展，为之后的章节开展中国经常账户内部视角的分析提供相应的文献基础。

二 居民部门视角

在文献中，经常账户的居民视角主要从分析居民的储蓄行为展开。经常账户盈余国家的一个普遍现象是居民储蓄率普遍较高，而且远远高于居民部门的国内投资，这使得居民部门的净储蓄较高，从而成为经常账户顺差的一个重要构成。而在经常账户赤字国家，其居民部门的储蓄大致与居民部门投资水平相似，甚至居民部门的净储蓄为负。因此，从居民部门视角研究经常账户问题的重点就落在究竟是什么原因导致顺差国的居民相较于消费更加倾向于储蓄，以及造成顺差国和逆差国居民储蓄率差异的原因是什么。文献中最常见的三个解释分别是人口结构变迁、文化差异和金融约束，本节综述将基于这三个视角展开。

（一）人口结构变迁

从人口结构视角讨论经常账户失衡的研究，基本采用世

第二章 储蓄—投资视角经常账户研究的文献综述

代交叠模型（Over Lapping Generation Model），将人口分布引入宏观经济学框架之中，关注的人口结构差异主要体现于人口增长率、年龄分布和性别比例等方面。从世代交叠模型来看，人口结构的差异将导致经济中微观主体的储蓄倾向不同，从而在宏观层面上，造成经常账户失衡。

Coale 和 Hoover（1958）最早指出人口结构与经常账户失衡之间的关系。他们认为，发展中国家不断攀升的储蓄率实际上是由少年抚养比（youth dependency ratio）下降造成。但是，这一理论却长时间没有引起人们的关注，其主要原因不难理解——全球失衡并不是当时经济的核心主题。但是这个问题在步入 20 世纪 90 年代之后日渐引人关注，Obstfeld 和 Rogoff（1996）在他们的经典教材中就对此理论进行了总结："人均收入提高较快的国家，储蓄率也会较高，若其他条件不变，经常账户顺差也较大。但无穷期限（Infinite-Horizon）模型却往往得不到这一结论……最根本的原因在于个人在年轻时的储蓄水平与当期收入正相关，而与年老时的储蓄水平与收入负相关。"进一步的，他们通过一个简单的世代交叠模型说明，当一国的人口增长率较高时，私人储蓄率的确将随着年轻人口的增加而提高。

在接下来的研究中，Higgins 和 Willamson（1997）通过研究 1950 年以来亚洲国家的储蓄率再度证实了 Coale 和 Hoover（1958）的结论。他们还进一步发现，当少年抚养比降低时，这些国家储蓄率上升，从而对外资的依赖程度逐渐降低，对外借贷迅速下降，这进一步扩大了经常账户顺差。他们预测，当亚洲国家的人口结构达到与发达国家相似的水平以后，少年抚养比上升，经常账户余额占 GDP 的比重就会下降 6 个百分点。Violante 和 Attanasio（2000）发现，人口抚养比也是资本从北美和欧洲向拉丁美洲流动的重要原因。其他类似的文献还包括 Henriksen（2002）以及 Domeij 和 Martin（2006）。当然，这不是放诸四海而皆准的结论。包括日本在内的很多发达国家都曾经历过年轻人口增长率下降与经常账户顺差同时出现的时期。如何解释这一悖论呢？Ferrero（2005）认为，人口预期寿命是问题的关键。他发现，预期寿命较长的国家具有比其他国家更高的储蓄率。由于这些国家的人口增长率通常已经放缓，所以经验研究常常观测到人口增长率与经常账户之间的负向关系。

但是，上述分析大都集中在局部区域。Brooks（2003）建立了一个多国框架下的三阶段世代交叠模型，以考察少年抚养比例、老年抚养比例对资本流动和经常账户的影响。其数值模拟结果具有丰富的现实意义：第二次世界大战以后，由于日本与欧洲国家的人口正处在老龄化阶段，储蓄相对于投资迅速攀升，因此成为资本的输出国，并且产生大量经常账户顺差；与之相对应，美国的老龄化速度已经相对稳定，因此经常账户出现逆差。他们同时利用人口结构的预测数据对未来的资本流动做出判断——伴随"婴儿潮"中出生的人口逐渐老龄化，欧洲与美国的储蓄率都会出现进一步下降，

第二章 储蓄—投资视角经常账户研究的文献综述

成为重要的资本输入国,经常账户逆差规模扩大。此时,拉丁美洲各国和其他新兴国家将成为资本输出国和经常账户顺差国,非洲的情形则取决于它们对外资的依赖程度。亚洲的发达国家中,日本的老龄化问题最为严重:工作人口相比老年人口的比例仍然会继续下降,储蓄率升高,资本外流与经常账户顺差的现象将持续至 2040 年,但是顺差的比重会逐渐减少。

国内研究中,杨继军(2010)强调人口结构在解释对外贸易失衡的重要性,通过一个可求解的四期迭代模型,他发现劳动适龄人口数量高、人口抚养比例低的经济体倾向于高储蓄。而由于人口储蓄的重心一般晚于投资需求,所以这类国家通常出现结构性的经常账户顺差。田巍、姚洋、余淼杰和周羿(2013)建立理论模型分析了人口结构对出口和进口的影响,发现一方面,高劳动人口比例会使出口国产出增加,从而增加出口。但是,另一方面,高劳动人口比例也会给进口国带来更多的劳动收入,从而增加进口。他们利用了 176 个国家从 1970 年到 2006 年的大样本面板数据,并控制了多边抵制等因素,通过在贸易引力方程中引入劳动人口比发现,经验结果支持他们的理论分析结果。进一步,该文通过对比中国和印度发现,如果两个国家的劳动人口比对调,则中国的出口将下降 30%,而印度的出口将增加 30%。由此可见,人口结构对于中国的经常账户顺差的解释力应该是显著而且重要的。朱超、余颖丰、易祯(2018)在动态随机一般均衡模型中引入人口年龄结构，分析其对经常账户的效应，人口结构冲击主要表现为中年、老年人口比重负向影响经常账户余额。

除了年龄结构之外，Du 和 Wei（2010）将视角转向了人口性别组成。他们利用一个世代交叠模型刻画了男性比例上升所导致的婚姻市场上的竞争激烈。在实证证据的支持下，他们认为这是储蓄率上升的重要根源。Wei 和 Zhang（2011）进一步的研究表明，中国居民储蓄率的持续攀升，难以用传统的生命周期理论、预防性储蓄理论、金融市场的发展理论或者习惯形成的理论来进行解释。他们认为，随着男性比例的上升，父母倾向于通过更多的储蓄以增加男方在婚姻市场上的竞争力。这种行为外溢至其他男方家庭，导致储蓄率整体上升。利用 1990—2007 年的数据，他们指出该因素能够解释储蓄率上升的 50%。

（二）文化差异

除了人口结构外，文化差异也是解释经常账户失衡的一个常常被提及的因素。强调文化因素的学者，基本都从居民高储蓄视角进行分析。根据这种学说，中国大陆、日本、韩国、中国台湾等东亚经济体之所以呈现出高储蓄和经常账户顺差，与人们偏好储蓄的文化紧密相关。东亚文化强调勤俭伦理。因此在儒家文化的基础上引入资本主义，就会使高储蓄和高增长相伴出现。这种观点被称为"儒家资本主义学

第二章 储蓄—投资视角经常账户研究的文献综述

说",其代表人物是香港中文大学的金耀基(1983)先生。以经济学的术语加以诠释,其理论可以简单地叙述为:消费者的偏好在国与国之间是不同的。这种偏好的差异尤其体现在主观贴现率(即人们在当期对未来所拥有之财富的贴现价值)。由于东亚国家居民较之西方国家居民更加看重未来财富,主观贴现率比较低,因而倾向高储蓄。

但是,所有将原因追溯至文化的研究都面临同样的问题:文化因素可以解释太多东西,其实也就相当于什么也没有解释(Cole、Mailath 和 Postlewaite,1992)。国际金融学家应当回答的问题是,究竟是文化中的哪一个环节,又是通过怎样的渠道在影响储蓄率,进而影响资本流动与经常账户失衡呢? Cole、Mailath 和 Postlewaite 提出一种思路。他们认为,社会中除了可以被市场化的商品以外,也存在不能简单地被市场化的商品,例如进入名牌大学、获取社会地位等(至少对于这些产品而言,简单的货币支付是不足够的),体现社会的公平性。而体现公平特征的非货币化商品与可以被货币化的商品一样,都会进入消费者的效用函数。社会流动性(social mobility)的强弱直接决定人们通过努力能够获得非货币化商品(例如社会地位)的难易程度。社会流动性越强,人们则越愿意增加储蓄以获得更多的非货币化商品,从而储蓄率会高于社会流动性较低的社会。因此,一个社会对非货币化商品的认可环境是影响储蓄率差异以及经常账户失衡的关键文化因素。

Carroll、Overland 和 Weil（2000）提出另外一种基于文化的解释。他们指出，社会文化中有一个关键的变量，叫作"习惯形成"（habit formation）。它是指人们在进行未来决策的时候对过去发生过的事件的依赖程度。他们认为，习惯形成才是影响经济增长过程中储蓄率高低的重要原因。一个国家的"习惯形成"越强，可以理解为该国消费的跨期替代弹性越强。此时，高增长反而有可能会带来高储蓄率；反之，如果"习惯形成"较弱，则储蓄率会相对较低，甚至伴随经济增长而下降。这一理论可以直接运用于分析各国的储蓄率差异：美国文化底蕴较为薄弱，历史不过两百多年，自然不会有太强的"习惯形成"因素，因此储蓄率很低；与之相反，中国的传统文化影响深远，也就造成了长期的高储蓄率。但是，这一理论似乎很难解释为何同样受传统文化影响深远的英国会在20世纪20年代之后，突然从长期的经常账户顺差转为持续的经常账户逆差。

事实上，以文化作为关键因素解释储蓄率和经常账户失衡的观点颇受争议，在实证研究中也未能获得一致性支持。如果文化因素是重要的，那么在一个国家内不同种族移民之间的储蓄行为应该不同。但 Carroll 等（1994）利用加拿大家庭支出调查却发现，不同原籍的群体间，储蓄率并无差异。但他们确实发现，新近的移民较之原住民会有更低的储蓄率，但随着时间的推移，这种差异在不断缩小。同时，他们发现文化因素虽然不会影响储蓄率，却会对其他经济行为——例如教育投资——产生影响。Guiso、Sapienza 和 Zingales（2006）利用世界价值调查（World Value Survey）的问卷，研究了宗教信仰与勤俭节约程度之间的关系，其中的问题是："下列各项品质中，哪一项您认为是最重要的?"，答案 1 就是"勤俭节约、储蓄财富"。他们用这个变量对宗教虚拟变量进行回归，同时控制健康、性别、年龄、受教育程度、社会阶层以及是否相信上帝等因素，结果显示：较之无信仰群体，天主教徒（Catholics）和新教徒（Protestants）选择答案 1 的概率要高出 3.8 个百分点和 2.7 个百分点，而佛教徒、印度教徒和犹太教徒选择答案 1 的概率虽然更高（分别是 7.2%、7.2%和 6.4%），但却是不显著的，也就是差异性特别大。接下来，Guiso、Sapienza 和 Zingales 利用宏观数据，考察一个国家中选择答案 1 的人群比例对该国储蓄率的影响，发现这一结论为正且高度显著，但也只能解释各国之间储蓄率差异的 5%。更进一步的，Nieminen、Heimonen 和 Mangeloja（2015）也基于世界价值观调查问卷，对欧洲南方和北方的经常账户特征做出了解释，欧洲分为新教北方和天主教南方，相较于其他国家，信奉罗马天主教国家的人们并不认为节俭很重要，因而天主教国家倾向于经常账户赤字，这与欧洲北方国家的净储蓄和欧洲南方国家的净借贷相吻合（见图 2-1）。

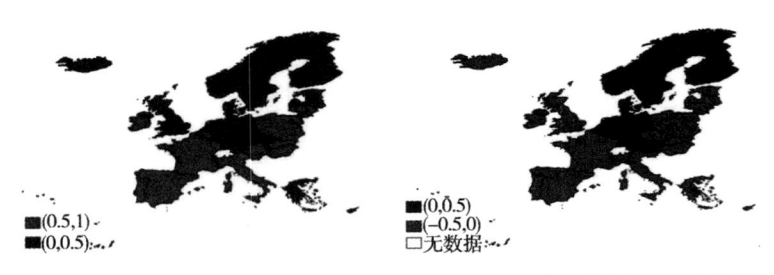

a.2000年罗马天主教徒的比例　　b.2003—2007年经常账户占GDP的比例

图 2-1　宗教信仰与经常账户

资料来源：Mika Nieminen, Kari Heimonen and Esa Mangeloja, Culture and "Current Account Balances", *Applied Economics Letters*, Vol. 22, No. 11, 2015, pp. 886-890.

（三）金融约束

金融部门的发展也会影响居民的储蓄和投资行为，进而影响经常账户余额。早在 McKinnon（1973）和 Shaw（1973）的著名研究中就曾指出，发展中国家的金融抑制会显著地降低实际利率并且改变跨期消费的替代弹性，从而减少当前的储蓄水平。这一结论得到 Edwards（1996）的支持。他对拉丁美洲国家样本的研究发现，"金融深化"会显著提高这些国家的居民储蓄率。依据这一理论，金融部门较为发达的国家，经常账户盈余也会比较多。

但是，近些年来东亚国家（尤其是中国）的崛起伴随巨额的经常账户盈余，而这似乎与"金融深化"理论的预测完全相反。仔细推敲不难发现，造成这一问题的原因是

Edwards（1996）对金融部门功能的刻画过于简单。一方面，金融深化虽然会提供更多的金融工具以增加居民储蓄动机，但同时也会减少市场的不完全性，从而减少居民的"预防性储蓄"。Willen（2004）通过建立一个单商品、两阶段的一般均衡模型，讨论了相关问题。他认为，市场的不完全性体现在跨国市场不完全性与国家内部市场不完全性两个层面。当跨国之间的市场存在不完全性的时候，一个国家很难通过持有风险资产规避国民收入波动的风险，因而消费者的消费便相应增加，贸易逆差就会扩大；当国家内部存在不完全性的时候，市场的风险分担能力下降，该国的"预防性储蓄"增加，消费会相应地减少。另一方面，McKinnon（1973）和Shaw（1973）的研究都是基于封闭经济框架。在开放条件下，各国金融市场的发展程度存在差别。从国际投资的视角出发，金融市场越发达的国家，能够提供更多样的金融产品满足避险需求，反而会吸引国际资本流入。这一问题对于居民的投资储蓄决策当然十分重要，但是，我们认为这一问题对于企业的储蓄—投资问题更加重要，因此将之置于后面详加讨论。

三 企业部门视角

近年来，企业部门的储蓄和投资行为较居民部门引发了更多的关注。多数学者认为，居民和政府部门的储蓄在很大程度上都应该通过金融部门转移至企业投资，从而避免经常账户的大幅度顺差。但是，如果企业投资效率低下，居民和政府部门就不应该积累大规模的储蓄。进而，对于经常账户顺差的国家而言，国内企业部门显然没有吸纳全部的国内储蓄。同时，对于经常账户逆差的国家，国内企业部门又似乎吸纳了更多的外国储蓄，究竟其原因何在呢？目前学界发展较为成熟的解释有两种：一种是国内外企业的资本回报率差异，资本回报率较高的国家倾向于从国外借钱，而资本回报率较低的企业缺乏对国内储蓄的足够的吸引力；另一种解释也与金融部门有关，即金融部门的低效率使得国内储蓄难以转化为国内的企业投资。

（一）资本边际回报率的差异

传统的经常账户研究侧重在静态分析框架中讨论问题，将经常账户余额视为对外贸易的盈余量，而将汇率视为对外贸易的价格。这很容易得出经常账户失衡（数量）与汇率（价格）之间的负向关系。但是，近二十年来，随着跨期宏观模型的发展，经济学家越来越意识到，经常账户的顺差和逆差背后反映的是国家与国家之间的资金借贷活动。经常账户余额正是国内储蓄未能全部转为当期投资的缺口。如果经济模型的设定只有单期，那么任何贷款活动都只是净损失，因为借款者已经没有还款的"时间"。所以，在传统的静态分析框架下，国际借贷是不可能发生的。因此，真正将经常

第二章 储蓄—投资视角经常账户研究的文献综述

账户纳入一般均衡框架必须依赖动态经济分析框架。按照这一理论，任何国家的顺差都意味着资金的对外净流出，而逆差则意味着资金的对内净流入。如此来看，资本回报率越高的国家，越容易出现资本的净流入，从而形成经常账户逆差。与之相对应，资本回报率越低的国家，越容易形成资本的净流出，从而产生经常账户顺差。由于企业部门的投资效率直接决定资本回报率高低，所以全球失衡可以视为企业投资回报差异的直接后果。

不少实证研究发现，美国相对于世界其他国家更高的资本回报率能够在很大程度解释美国的经常账户赤字。例如，Glick 和 Rogoff（1995）的研究发现，美国之所以形成经常账户逆差，是因为其生产率远高于世界平均水平。他们指出，美国的经济增长率相对世界其他国家每增加 1 个百分点，经常账户差额占 GDP 的比重就会下降 0.15 个百分点。Engel 和 Rogers（2006）对此进行了验证。他们通过一个简单的一般均衡模型，指出一国均衡的经常账户赤字率，可以用该国预期未来在世界 GDP 中份额的贴现值与当下在世界 GDP 中的份额之差来度量。该差值越大，则经常账户逆差的程度越大。他们的模拟结果表明，美国的经常账户赤字率在 2004 年之前处于模型的均衡水平。不过，他们也同时指出，如果 2004 年之后美国的经常账户逆差继续扩大，而经济增长率却没有进一步提高，逆差将是不可持续的。

不过对这一观点的最大挑战或许就是"卢卡斯之谜"。

Lucas通过总结历史经验，发现资本总是从贫困的国家流向富裕的国家，而后者的资本回报率通常要远低于前者。这一现象也被称为"卢卡斯之谜"。Lucas（1990）本人对此的解释是，判断资本流动的回报率应该看剔除风险因素以后的真实回报率。由于人力资本等因素的差异，这一回报率往往与经济增长率有所不同。具体地，他提出三种解释：第一，发达国家的人力资本高于发展中国家，因此在计算资本回报率时，传统理论劳动力同质的假设会使得资本回报率的估计出现偏误；第二，人力资本具有很强的生产外溢性，这也会影响到资本回报率；第三，发展中国家存在政治风险或者资本市场的不完全，会影响到最终的资本回报率计算。应该说，Lucas并没有真正反驳新古典的经济分析框架，只是将名义风险回报率替换为经风险修正的真实回报率。这一范式在今后的多数研究中得到了保留和延续。

遗憾的是，如果考察经验数据，即便是考虑剔除风险的真实资本回报率，再加上人力资本因素，多数国家的资本流动也没有完全遵循新古典模型的预测。Kraay和Ventura（2000）提出一种解释，他们认为对于国内资产投资选择与国外资产投资选择存在着市场"分割"。在发生正向的收入冲击之后，一国基于投资风险以及边际回报率差异，通常会在历史头寸的基础上按比例配置国内资产与国外资产，而不是完全依照回报率高低配置资产。此种情形下，债权国会出现经常账户顺差，债务国会出现经常账户逆差，需要区别加以对待。Gordon（2004）提出另一种双部门的解释。他认为，传统的单部门模型忽视了国家内部可贸易品与不可贸易品之间的生产率差异。根据他的研究，在美国与欧洲之间的生产率差异中，50%体现在零售服务业，25%体现在批发服务业。理论上讲，生产率对于不可贸易品部门的冲击，会通过如下渠道影响经常账户：由于家户不仅需要在可贸易品与不可贸易品之间选择消费，还面临当期消费与未来消费之间的跨期选择。当家户的跨期替代弹性高于当期可贸易品与不可贸易品的替代弹性时，如果不可贸易品生产率上升，不可贸易品的供给增加，家户为了更加平衡地消费两种产品，必然会增加可贸易产品的进口，从而出现经常账户逆差。因此，如果一个国家在服务业拥有比较优势，往往会出现经常账户逆差，但是若在制造业拥有比较优势，则会出现经常账户顺差。

也有学者认为，与企业行为相关的资本流动可以分为两种类型：金融资本流动和对外直接投资。较之金融资本流动，对外直接投资（FDI）的流动更加符合新古典模型的预测：发达国家会选择到增长率更高的新兴国家进行直接投资。Prasad、Rajan 和 Subramanian（2006）指出，新古典模型在解释 FDI 流动中是没有太多问题的。而资本流动与经常账户变化不一致的关键原因是金融资本的流动。因此，新古典模型应当更多地考察金融资本本身的特性。我们将在下一节着重讨论这一关系。

（二）金融市场与"全球储蓄过剩"

在居民视角的文献中已经提及，金融市场的发展程度会影响居民的储蓄行为。但是，将国内储蓄转化为本国企业部门投资的能力是金融市场更加重要的作用，这也在新近文献中得到了更为充分的体现。

美联储主席 Bernanke（2005）在一场名为"全球储蓄过剩与美国的经常账户赤字"的演讲中，提出了全球储蓄过剩（Global Saving Glut）的概念，指出美国的经常账户赤字与东亚国家的高储蓄浪潮密不可分。他的观点非常直接：由于东亚国家金融部门不健全，它们倾向于将储蓄投放在美国，转化为美国投资，从而导致美国的经常账户赤字率攀升。因此，围绕全球储蓄过剩的文献，主要是经由金融市场的发展程度及其决定因素展开。

Caballero、Farhi 和 Gourinchas（2008）将这一观点模型化，他们把世界分为两个部分，一个是以美国、澳大利亚和英国为代表的资本流入国家（U）；一个是以新兴市场、石油输出国、高储蓄率工业化国家为代表的资本输出国家（R）。U 国能够供给足够充分的金融资产，而 R 国虽然增长较快，却不能供给足够的金融资产，因此需要购买 U 国的储蓄工具。文章考虑两种情况：（1）R 国的金融资产市场突然崩溃，例如希腊；（2）R 国的金融市场经历全球一体化过程，例如中国。Caballero 等的研究很清楚地证明，无论是情况（1）还是情况（2）的发生，都会使得资本从 R 国向 U 国净流动。他们的模型将储蓄积累理解为安全资产（Safe Asset）短缺，美国国债被视为重要的安全资产，其在金融市场压力

第二章 储蓄—投资视角经常账户研究的文献综述

最大时价值仍能保持相对稳定,而这种安全资产的获得,是经由顺差国与安全资产提供国(如美国)产生持续的顺差产生的。Caballero 等(2017)估计安全资产规模从 2007 年的 20.5 万亿美元下降至 2011 年的 12.3 万亿美元,其占世界 GDP 的比重从 37% 下降至 18%,缓解失衡问题可以通过缓解安全资产短缺的方式来实现,但是他们认为这并不是一个好解决的问题,安全资产供给的扩大不大可能在不久的将来发生。Mendoza、Quadrini 和 Rios-Rull(2009)提出发展中国家的金融市场存在两个层次的不完备性:(1)金融机构不能提供或有资产(state contingent asset);(2)借贷双方只能签订不完全合约。因此,发展中国家的居民和企业倾向于将金融财富转移至发达国家,以获得稳定的储蓄收益,因此出现资本净流出。但是,由于发展中国家的资本回报率较高,发达国家在获得金融资本净流入之后,又以外商直接投资等形式将资本重新投放至发展中国家,从而提供一条国际资本双向流动的思路。Chinn 和 Ito(2007)、Ito 和 Chinn(2009)的研究发现法律制度的完善与金融发展和金融开放之间具有重要的相互作用,从而可能有助于通过减少国民储蓄来降低经常账户余额。类似地,Ju 和 Wei(2010)通过修正的 Holmstrom 和 Tirole(1997)模型,证明当发展中国家存在产权保护滞后和公司治理能力脆弱的情况下,金融资本会首先流向发达国家,然后借助发达国家高效的金融服务重新流回本国。他们将这种发展中国家金融资本"绕发达国家而行"

的原因归咎于发展中国家落后的产权保护和公司治理能力。Alfaro 等（2008）、Gruber 和 Kamin（2009）经由实证研究发现，更高质量的政府机构和更优质的监管环境会吸引资本流入，继而带来经常账户余额的恶化。Song、Storesletten 和 Zilibotti（2011）以中国为案例，通过一个两期世代交叠模型考察了国有企业与私营企业的融资约束差异对经常账户失衡的影响。较之私营企业，国有企业更容易进入银行的"深口袋"（deep pocket）。另外，由于资本管制等原因，私营企业的对外借款面临着"冰山成本"（iceberg cost），结果私营企业被迫增加储蓄，从而推高了中国的储蓄水平，造成了经常账户盈余。

国内研究中，徐建炜和姚洋（2010）考察了金融业发展与经常账户失衡之间的关系，他们发现，金融业发展相对于制造业的比较优势而非绝对优势，才是影响经常账户失衡的关键所在，全球失衡的背后是两大产业之间形成的新型分工形态。除此之外，国内研究中，从金融发展视角讨论全球失衡问题的研究还包括李俊青和韩其恒（2011）、佟家栋、云蔚和彭支伟（2011）、肖立晟和王博（2011），他们都证实，一个国家的金融业发展更容易带来经常账户逆差，中国处在经常账户顺差的地位，与国内金融系统不发达具有密不可分的关系。

四 政府部门视角

前面的研究强调市场本身对全球失衡的影响，却没有考虑政府在其中扮演的角色。事实上，理解全球失衡问题，政府的角色也是不可忽视的。本部分将从政府财政赤字和经常账户赤字的关系视角以及国际货币体系的视角探讨政府在全球失衡中的地位与作用。

（一）政府财政支出

在很长一段时间内，"双赤字"（twin deficit）理论非常流行，尤其是在解释美国经常账户赤字的时候。它可以从式（2.1）中直接看出，政府储蓄和投资之差是经常账户的一个组成部分，而政府储蓄与投资之差恰好是政府的财政盈余或者赤字，所以政府财政结余正是经常账户的一个组成部分。在研究全球失衡问题时，政府的财政政策值得特别关注。

Oudiz 和 Sachs（1984）、De Gregorio 和 Wolf（1994）等在无限期界模型中考察财政支出对经常账户失衡的影响，发现暂时性的政府支出增加将会带来财政赤字的恶化和经常账户赤字的增加，但是永久性的政府支出增加不会对经常账户产生影响，而对当期财政的影响则取决于融资的方式：若是以税收方式融资，当期财政不会发生改变；若是以债务方式融资，当期财政会出现恶化。Baxter（1995）和 Kollmann（1998）在两种商品的模型中进一步引入个体的投资行为。此时财政政策对储蓄的影响仍然是负面的，对投资的影响却变得不确定。因此财政政策对经常账户的影响是不确定的。Obstfeld 和 Rogoff（1995）进一步通过建立新开放宏观经济学

（New Open Economy Macroeconomics，NOEM）的范式，考察了财政政策与经常账户之间的关系。他们发现暂时性的扩张型财政政策会带来经常账户的恶化，而永久性的扩张型财政政策对经常账户的影响可能是不确定的。例如，若是李嘉图效应带来的私人消费下降与粘性价格假设下的产出增加会改善经常账户余额，则经常账户余额反而会增加。

在国别研究的基础上，Chinn 和 Prasad（2003）利用 1971—1995 年跨国面板数据进行了实证研究。他们发现，无论对于发展中国家还是发达国家，在控制其他因素之后，政府财政都是解释经常账户余额不可忽视的重要因素。根据不同的估计方法，他们发现，政府财政盈余占 GDP 的比重每增加 1 个百分点，经常账户余额占 GDP 的比重将增加 0.1—0.4 个百分点。可见财政政策和经常账户的关系虽然在统计上显著，但是经济效应并不算太大。Erceg、Guerrieri 和 Gust（2006）通过建立开放宏观的 DSGE 模型并利用美国的数据，校准了财政赤字与经常赤字之间的关系。具体来说，他们区分了政府财政支出增加与劳动收入税收减免两种情形。他们发现，无论是在哪一种情形下，财政赤字对经常账户赤字的影响都是显著的：财政赤字增加 1 个百分点，经常账户赤字会增加 0.2 个百分点。这一发现，与 Chinn 和 Prasad 的结论非常接近。按照这一贡献率，即便美国的财政赤字减少至零，也不会大幅度改善经常账户赤字。

Kim 和 Roubini（2008）总结了前面的研究，指出传统研

第二章 储蓄—投资视角经常账户研究的文献综述

究之所以发现财政账户与经常账户之间的正相关性，实际上依赖于模型的假设，但是这些假设很可能不成立，进而导致"双赤字"现象难以被观察到。第一，财政扩张是通过债务或者税收进行融资的。如果财政扩张是通过发行货币来融资的，那么财政赤字极有可能会带来货币贬值。第二，传统模型没有考虑财政扩张带来的潜在债务风险。伴随债务违约风险增加，货币也会出现贬值。第三，财政扩张会增加公共债务。而根据资产组合模型，风险资产的回报率将增加，并使货币的需求进一步减少。这也将导致货币贬值。第四，持久性的财政扩张往往是不可持续的。如果跨期预算约束成立，长期的财政赤字需要后期的财政盈余来支撑。所以，财政赤字带来的实际汇率升值应该仅仅是中短期效应。进一步，他们还认为，即便经常账户余额与财政余额是正相关的，由于二者本身都是内生决定的，所以会同时受到其他因素的影响。例如，经济增长速度越快的国家，往往越容易出现财政赤字和经常账户逆差。因此，经验研究观测到财政赤字与经常账户逆差同时出现的时候，也不能证实二者之间的因果关系，而是需要进一步考察其他潜在的影响因素。Kim 和 Roubini 在 VAR 模型中添加经济增长因素，考察财政政策对实际汇率与经常账户的影响，发现美国的财政政策在中短期会造成与理论预测完全相反的结果：经常账户余额的改善和实际汇率的贬值。因此，无论是理论还是实证研究都无法说明，为什么在过去 30 年，无论美国的财政状况处于何种状态,经常账户逆差都是在持续扩大。

从财政视角对经常账户失衡进行解释,对于中国经济也是非常重要的。徐忠等(2010)的研究就指出,中国经济发展的一个显著特征是公共支出的过快增加以及政府投资占比较高,这显然会影响中国的经常账户失衡。杨盼盼和徐建炜(2021)利用结构性向量自回归模型系统地讨论了中国的财政盈余与经常账户盈余之间的关系,发现二者的走势高度一致,支持"双赤字"理论。基于模型预测的结果表明,在财政赤字相对有限的情况下,其对未来中国经常账户余额的调整也是有限的。

(二) 政府发展战略和"布雷顿森林体系Ⅱ"

近年来,关于"布雷顿森林体系Ⅱ"的学说逐渐兴起。根据这一学说,全球失衡不过是现行国际货币体系之下发达国家和发展中国家政府制定的经济发展战略使然。观察当前的世界经济,其实只剩下美国、英国等寥寥数国仍保持着长期的经常账户逆差。其中尤以美国最为明显。与之相对应,大部分保持经常账户盈余的国家其实都是发展中国家。

Dooley、Folkerts-Landau 和 Garber(2003)通过对比当代世界经济形势与布雷顿森林体系时期的经济形势,发现二者存在惊人的相似。在布雷顿森林体系建立之初,美国作为世界的"中心国家",放开了对外贸易。而与之相对应的是,深受战争创伤的欧洲和日本形成世界经济的"外围国家"。

第二章 储蓄—投资视角经常账户研究的文献综述

它们通过低估汇率、采用贸易与资本管制，形成了大量的外汇储备，并且利用美国的金融服务为自己的发展融资。当"外围国家"的经济重新恢复并逐渐向"中心城市靠拢"以后，就开始放开各种不必要的管制。当然，转型之后的"外围国家"也已经不需要这些贸易管制措施了。而现在，同样的故事再次发生。只不过"外围国家"换成了东亚新兴国家，"中心国家"依旧是美国。所以他们认为，当前的全球失衡无非是"布雷顿森林体系"表现的翻版，是发达国家和发展中国家所制定的经济发展战略的后果。他们将现在的国际货币体系称为"布雷顿森林体系Ⅱ"。

在接下来的文章（Dooley等，2004）中，他们进一步发展了自己的观点，认为全球失衡是发展中国家经济战略的一部分。如果只是孤立地看待东亚国家外汇储备积累的后果和收益率自然是不利的。但是如果将其作为整个发展战略的一部分，这将有利于实施出口导向的策略，总体上是有利的。更关键的，他们认为"布雷顿森林体系Ⅱ"可以持续下去，原因是东亚国家（尤其是中国）拥有成千上万的剩余劳动力。与之相对应地，美国有充足的国内需求以吸收来自东亚国家的储蓄。在国际金融危机爆发之后，Dooley等（2009）更新了他们的观点，否认了此次金融危机是当今国际货币体系不可持续的表现。Dooley等（2009）认为，如果当前的危机果真是国际货币体系的危机，那么应当表现为美元危机，此时世界其他国家会停止向美国融资，美国所有资产的利率特别是无风险利率出现大幅度上升，但是，这种情况并未发生，在次贷危机爆发以后，各国继续在向美国输出资本，为美国的赤字融资。

布雷顿森林体系Ⅱ的存在与全球失衡之间的关系进一步得到 Gourinchas 和 Rey（2007）的证实。他们同时发现，在浮动汇率体系时期，美元的贬值也并没有从本质上改变美元作为世界货币的本质特征。其中的一个例证是，美国的对外总资产（Gross Foreign Asset）收益率远远高于其对外总净负债收益率（Gross Foreign Liability），也即是说，美元依靠世界货币的地位不断在世界其他国家扩张，并从中享有巨额收益。换言之，通过长期的经常账户逆差，美国获取稳定的"铸币税"收入流。他们进一步的研究指出，美国的投资行为是"借短贷长"，即拆借短期资金进行长期投资。美国已经从世界银行变成世界上最大的风险投资家。这些现象，除了美元贬值之外，都与布雷顿森林体系时期非常相似。但是，与 Dooley 等的乐观不同，Gourinchas 和 Rey 认为导致布雷顿森林体系崩溃的"特里芬难题"依旧。唯一的区别在于，当年世界各国所恐惧的是"美元-黄金"本位的崩溃，而现在所担心的是美元贬值。尽管美元贬值暂时没有撼动美元作为世界货币的地位，但是长此以往，出现问题乃至国际货币体系的变革恐怕是迟早的事情。

"布雷顿森林体系Ⅱ"学说饱受争议。例如，Roubini 和 Setser（2005）认为，"布雷顿森林体系Ⅱ"是内在不稳定的。第一，美国的经常账户赤字与财政赤字所需要的资金融通越来越多，而那些向美国贷款的国家的收益却在不断下降，二者之间存在着内生的矛盾。第二，美国贸易赤字的扩张将带来国内经济的扭曲，继而面临政治阻力。中国大量购买美国国债会降低美国利率水平，从而刺激美国的"利率密集型"产业，却不利于美国可贸易品部门的发展，从而导致美国的投资扭曲。第三，大量购买美国证券也会给亚洲国家带来诸多不利后果，包括潜在的通货膨胀压力和收益率的损失。第四，欧洲国家会加入美国阵营，要求亚洲国家汇率升值，而不是加入后者的阵营，一起购买美国证券。第五，"布雷顿森林体系Ⅱ"对美国施加的约束较之"旧布雷顿森林体系"要更弱，美国人可以毫无约束地发行美元。所以，Roubini 和 Setser 认为，美国在 2005 年以后所需要为经常账户赤字融通的资金已经远远不是世界其他国家央行的储蓄所能提供，最多还能持续两年时间，目前的全球失衡现状必然会逆转。

国内研究中，中国经济增长与宏观稳定课题组（2009）通过历史回顾和文献考察总结全球失衡与金融危机之间的内在联系，并从货币霸权视角建立起失衡与危机的数理模型，指出本轮国际金融危机与美国扩张性货币政策及美元霸权密切相关。王道平和范小云（2011）探讨了现行国际货币体系与全球失衡和金融危机之间的关系，发现现行国际货币体系不仅是全球失衡的重要原因，也是过去三十年间频繁爆发金融危机的原因之一，改革国际货币体系迫在眉睫。

第三章
中国经常账户储蓄—投资视角的分解框架和指数分解分析

第三章 中国经常账户储蓄—投资视角的分解框架和指数分解分析

一 数据来源

本书使用国家统计局公布的资金流量表对中国居民、企业和政府各部门的储蓄投资行为进行深入研究，从经常账户的内部视角展开分解，将中国的储蓄和投资问题置于一个相同的口径与框架下予以探讨，并分析各个部门储蓄和投资行为对经常账户走势的影响。中国的储蓄—投资数据记录在国家统计局公布的资金流量表（实物交易）中（表3-1），该表是国民账户体系（SNA）的重要组成部分，包括住户、非金融企业、金融企业、政府和国外五个部门，反映一国国民经济各部门之间资金来源及使用以及流入与流出的情况。资金流量表从净出口和增加值开始统计，随后详细地记载了收入初次分配和再分配的各项内容，在获得可支配总收入的基础上，进一步统计消费，得到总储蓄以及投资。由此可见，资金流量表是分析分部门及加总储蓄和投资行为的合适数据来源。中国自1992年起开始编制资金流量表，资金流量表实物表的发布有两年滞后期，本书写作时最新可得的数据是2020年。本书关注2002—2020年居民、非金融企业（下文简称企业）和政府三个部门的储蓄和投资情况①。在这一期间，

---

① 对于金融企业的处理，文献中一般有两种做法，一种是将金融企业和非金融企业进行加总得到企业部门，另一种是不考虑金融企业。在这里，本书将不考虑金融企业部门。之所以不考虑金融企业一方面是因为金融企业的规模相对较小，其可支配收入占总可支配收入的比重不到2%，对储蓄—投资失衡的贡献非常有限；另一方面也是因为金融企业和非金融企业的行为和决策全然不同，金融企业的储蓄和投资行为并不是我们着重关心的，若将它们与非金融企业合并，并不助于问题的理解，反而容易造成概念上的混淆。本书同样不考虑国外部门，因为国外部门不应当包含在国内储蓄—投资行为考虑的范畴内，因此，在这里也予以剔除。

储蓄—投资视角的中国经常账户研究

中国经常账户顺差首先迅速扩张,然后较大幅度缩窄,之后在均衡附近波动。

表 3-1　　　　　　　　中国资金流量表样表

	资金流量表（实物交易）													
机构部门 交易项目	非金融企业部门		金融机构部门		政府部门		住户部门		国内合计		国外部门		合计	
	使用	来源	使用	来源	使用	来源	使用	来源	使用	来源	使用	来源	使用	来源
一、净出口														
二、增加值														
三、劳动者报酬														
（一）工资及工资性收入														
（二）单位社会保险付款														
四、生产税净额														
（一）生产税														
（二）生产补贴														
五、财产收入														
（一）利息														
（二）红利														
（三）土地租金														
（四）其他														
六、初次分配总收入														
七、经常转移														
（一）收入税														
（二）社会保险缴款														
（三）社会保险福利														
（四）社会补助														
（五）其他														
八、可支配总收入														

第三章 中国经常账户储蓄—投资视角的分解框架和指数分解分析

续表

资金流量表（实物交易）													
机构部门 交易项目	非金融企业部门		金融机构部门		政府部门		住户部门		国内合计		国外部门		合计	
	使用	来源	使用	来源	使用	来源	使用	来源	使用	来源	使用	来源	使用	来源
九、最终消费 　（一）居民消费 　（二）政府消费 十、总储蓄 十一、资本转移 　（一）投资性补助 　（二）其他 十二、资本形成总额 　（一）固定资本形成总额 　（二）存货增加 十三、其他非金融资产获得减处置 十四、净金融投资 十五、统计误差														

二　分解框架

资金流量表中最直接反映储蓄和投资的数据分别是"总储蓄"和"资本形成总额"，传统计算储蓄率和投资率的方法，一般是以资金流量表提供的分部门"总储蓄"和"资本形成总额"作为储蓄和投资数据，然后以"总储蓄"和"资本形成总额"占国内生产总值（或国内可支配总收入）的比重作为该部门的储蓄率和投资率。但是学者们对于使用直接采用这两个数据分析中国的储蓄和投资问题存在争议（李扬，殷剑峰，2007；白重恩，钱震杰，2009）。

在对中国数据和学者讨论进行分析之后，笔者认为采取上述方法的主要缺陷有以下两个方面。（1）忽略了土地出让金的影响。土地出让金被计入资金流量表的"其他非金融资产获得减处置"一项，而未计入各部门的可支配收入中。这一项在中国地方政府土地出让收入显著增加的时期尤为值得关注，从2002年到2008年的平均数据来看，企业支付的"其他非金融资产获得减处置"占其可支配收入的14.97%，政府和居民获得的"其他非金融资产获得减处置"分别占其可支配收入的7.79%和1.83%。由于本书关注的数据时间跨度较长，如不调整，将会造成居民和政府的收入和储蓄显著低估以及企业的收入和储蓄显著高估，进而影响储蓄率和投资率的估算。（2）资本转移的作用体现得并不准确。资金流量表单列"资本转移"一项，记录政府部门无偿向企业部门支付用于非金融投资的资金。该项在资金流量表中被计入企业的"资本形成总额"，但并未计入企业的"可支配总收入"，而是计入政府的"可支配总收入"。然而，从经济学的意义来看，如果资本转移是企业从政府部门无偿获得的资源，那么它应该被视为企业的"可支配总收入"；从另一个视角来看，在现实中，政府往往通过项目审批、财政补贴等形式

第三章　中国经常账户储蓄—投资视角的分解框架和指数分解分析

对企业进行资本转移，这部分资金来源于政府支出，在很大程度上反映了政府的投资意愿，从这个角度出发，又应将"资本转移"计入政府投资。现有的资金流量表编制办法并未考虑上述两种情形，而是将"资本转移"同时计入企业投资和政府可支配收入，显然是有问题的。

基于以上两方面的问题，本书对资金流量表中的储蓄和投资数据进行如下调整。第一，将"其他非金融资产获得减处置"按部门分类进行调整，在企业的"可支配总收入"中进行扣减，而相应地计入居民与政府的"可支配总收入"，以体现土地出让金的作用。其中，由于统计局未公布2002—2003年的"其他非金融资产获得减处置"，我们根据2002—2003年的全国土地出让金总额数据对其进行估算。第二，分别采用两种方法对"资本转移"项进行调整。第一种方法是将"资本转移"从企业的"资本形成总额"中扣减，计入政府投资，以充分反映政府的投资意愿。第二种方法是将"资本转移"从政府的"可支配总收入"中扣减，计入企业的"可支配总收入"，以充分反映企业从政府那里获取投资支持的意愿。需要指出的是，理想情况下应该区分每一笔资本转移究竟是出于企业意愿，还是出于政府意愿，但现实中难以实现。因此，本书采用的方法是侧重改进方法二的结果，在二者的结果出现分歧时，才进一步分析资本转移在其中的作用。

专栏 3-1：改进方法一和改进方法二的比较

改进方法一和改进方法二的计算结果差异主要体现在企业投资、政府储蓄和政府投资，那么二者之间的差异究竟表示什么呢？在本专栏，我们将利用数学方法严格推导二者的区别。

1. 企业投资

记企业投资为 I_f，政府给企业的转移支付为 T，企业可支配收入为 Y_f，改进方法一和改进方法二的企业投资分别记作 I_f' 和 I_f''，其计算可以用如下公式加以表述：

$$\text{企业投资（改进方法一）} = I_f' = \frac{I_f - T}{Y_f}$$

$$\text{企业投资（改进方法二）} = I_f'' = \frac{I_f}{Y_f + T}$$

于是，二者之间的差别可以如下推导：

$$I_f' - I_f'' = \frac{I_f - T}{Y_f} - \frac{I_f}{Y_f + T} = \frac{(I_f - T)(Y_f + T) - I_f Y_f}{Y_f (Y_f + T)} = \frac{-T Y_f + I_f T - T^2}{Y_f (Y_f + T)} = -\frac{T}{Y_f (Y_f + T)} (Y_f - I_f + T)$$

2. 政府储蓄

记政府消费为 C_g，政府给企业的转移支付为 T，政府可支配收入为 Y_g，改进方法一和改进方法二的政府储蓄分别记作 S_g' 和 S_g''，其计算可以用如下公式加以表述：

第三章　中国经常账户储蓄—投资视角的分解框架和指数分解分析

$$S'_g = \frac{Y_g - C_g}{Y_g}$$

$$S''_g = \frac{Y_g - C_g - T}{Y_g - T}$$

很容易证明，

$$S'_g - S''_g = \frac{Y_g - C_g}{Y_g} - \frac{Y_g - C_g - T}{Y_g - T} = \frac{(Y_g - C_g)(Y_g - T) - Y_g(Y_g - C_g - T)}{Y_g(Y_g - T)} =$$

$$\frac{TC_g}{Y_g(Y_g - T)} > 0$$

3. 政府投资

记政府投资为 I_g，政府给企业的转移支付为 T，政府可支配收入为 Y_g，改进方法一和改进方法二的企业投资分别记作 I'_g 和 I''_g，其计算可以用如下公式加以表述：

$$政府投资（改进方法一）= I'_g = \frac{I_g + T}{Y_g}$$

$$政府投资（改进方法二）= I''_g = \frac{I_g}{Y_g - T}$$

于是，二者之间的差别可以如下推导：

$$I'_g - I''_g = \frac{I_g + T}{Y_g} - \frac{I_g}{Y_g - T} = \frac{(I_g + T)(Y_g - T) - I_g Y_g}{Y_g(Y_g - T)} = \frac{TY_g - I_g T - T^2}{Y_g(Y_g - T)}$$

$$= \frac{T}{Y_g(Y_g - T)}(Y_g - I_g - T) > 0$$

总结而言，本书对资金流量表进行了调整，充分考虑了土地出让金和资本转移两项对储蓄和投资的影响，采用两种

储蓄—投资视角的中国经常账户研究

方法重新估算了中国分部门的储蓄和投资数据,具体的调整如表 3-2 所示。

表 3-2　　　　基于资金流量表的储蓄投资核算方法

核算内容	资金流量表中的对应项
未调整方法	
储蓄	总储蓄(来源)
投资	资本形成总额(运用)
部门可支配总收入	可支配总收入(来源)
改进方法一	
储蓄	总储蓄(来源)-其他非金融资产获得减处置(运用)
投资	资本形成总额(运用)+资本转移(运用)-资本转移(来源)
部门可支配总收入	可支配总收入(来源)-其他非金融资产获得减处置(运用)
改进方法二	
储蓄	总储蓄(来源)-其他非金融资产获得减处置(运用)-资本转移(运用)+资本转移(来源)
投资	资本形成总额(运用)
部门可支配总收入	可支配总收入(来源)-其他非金融资产获得减处置(运用)-资本转移(运用)+资本转移(来源)

注:资金流量表分为运用和来源两方,其中运用记录各种支出或者资产的获得,来源记录各种收入或负债的发生。值得注意的是,计算公式中每一项前面的正号或负号并不必然表示在计算最终结果时,该项一定为正或负,因为在资金流量表中,对该项的记录可以为正或者为负。例如"其他非金融资产获得减处置"一项中,居民和政府项均为负值,而企业为正值,因此,该项对居民和政府的影响意味着政府和居民的储蓄及可支配总收入上升,而对于企业来说,该项的影响意味着企业的储蓄及可支配总收入下降。

第三章　中国经常账户储蓄—投资视角的分解框架和指数分解分析

基于各部门的储蓄、投资、可支配总收入数据，可以测算各部门的储蓄率，根据调整后的资金流量表，可以重新计算各部门的储蓄率和投资率。在测算出分部门储蓄率和投资率的基础上，对储蓄率和投资率做进一步的分解有助于理解各个部门的储蓄率和投资率的变动原因。各部门储蓄率可以进一步地分解为该部门储蓄倾向和可支配收入占比的乘积，分解如式（3.1）所示：

$$\begin{aligned}部门储蓄率 &= 部门储蓄/国内可支配总收入\\&= （部门储蓄/部门可支配总收入）×（部门可支配总收入/国内可支配总收入）\\&= 部门储蓄倾向×部门可支配总收入占比\end{aligned}$$

（3.1）

同理，各部门投资率也可以进一步分解为该部门投资倾向和部门可支配总收入占比的乘积：

$$\begin{aligned}部门投资率 &= 部门投资/国内可支配总收入\\&= （部门投资/部门可支配总收入）×（部门可支配总收入/国内可支配总收入）\\&= 部门投资倾向×部门可支配总收入占比\end{aligned}$$

（3.2）

三 指数分解分析（IDA）

本书分析的中国经常账户的内部视角跨度接近二十年，在这期间，中国的经常账户水平和结构均发生了巨大的变化，其中，推进经常账户变化的部门力量也在发生变化，这就使得我们有必要分析在不同的时期——特别是经常账户快速上行和经常账户迅速下降的时期，什么因素是其中的主导力量？这对于本书开展进一步的分部门分析是一个很好的出发点。因此，本书进一步地对部门储蓄倾向、部门投资倾向和部门可支配总收入占比运用指数分解分析（Index Decomposition Analysis，IDA），以此分析上述几个要素对于经常账户余额变化的作用及其力度。

IDA 分析法常见于能源的相关研究中，其分析方法多样，本书采用 Ang（2004，2005）提出的对数平均除数指数 I（LMDI I）方法，这一方法有几个优点（Ang and Liu, 2007），能够和本书的研究以及数据性质相匹配：其一，它的分解是完全的，不会留下任何残差项；其二，它的分解模型采用乘法，在加总到一起时也可以保持一致；其三，由于我们测算的数据中存在负值，LMDI I 方法同样适用于负值分析（需保证数值持续为负），因此较为适合本书的研究。

将 IDA 分析运用于经常账户内部视角的分析可从定义出发，根据上文分析，经常账户余额占比可以分解为不同部门

第三章 中国经常账户储蓄—投资视角的分解框架和指数分解分析

的储蓄率和投资率之差：

$$CA = S - I = \sum_{i=1}^{6} V_i \quad (3.3)$$

V_i（对于 $i=1$，2，3）是家庭部门（$i=1$）、企业部门（$i=2$）和政府部门（$i=3$）的储蓄率，V_i（对于 $i=4$，5，6）是家庭部门（$i=4$）、企业部门（$i=5$）和政府部门（$i=6$）投资率的负值[1]。经常账户余额占比由第 0 年至第 T 年的变化 ΔV 可被分解为两类因素（储蓄/投资倾向 P 和收入份额 Q）和三个部门：

$$\Delta V = V^T - V^0 = P + Q = \sum_{i=1}^{6} (p_i^T q_i^T - p_i^0 q_i^0) \quad (3.4)$$

p_i 是居民、企业和政府三部门的储蓄倾向（对于 $i=1$，2，3）以及投资倾向的负值（对于 $i=4$，5，6），q_i 是分部门可支配收入占比。

根据 LMDI I 方法（Ang，2005）：

$$P = \sum_{i=1}^{6} P_i = \sum_{i=1}^{6} L(V_i^T, V_i^0) \ln \left(\frac{p_i^T}{p_i^0} \right) \quad (3.5)$$

$$Q = \sum_{i=1}^{6} Q_i = \sum_{i=1}^{6} L(V_i^T, V_i^0) \ln \left(\frac{q_i^T}{q_i^0} \right) \quad (3.6)$$

---

[1] 注意到经常账户的定义式是储蓄减投资。

其中 $L(a, b) = (a-b)/\ln(a/b)$。P_i（对于 $i=1, 2, 3$）、P_i（对于 $i=4, 5, 6$）和 Q_i 分别是导致经常账户变化的储蓄倾向因素、投资倾向因素和收入因素[①]。

四 主要结果

（一）分部门储蓄率和投资率

根据调整后的资金流量表（表 3-1），可以重新计算各部门的储蓄率和投资率。具体的计算结果如表 3-3[②]。

表 3-3　　分部门的储蓄率、投资率与储蓄—投资缺口　　　单位：%

	未调整方法						
	居民		企业		政府		加总
年份	储蓄率	投资率	储蓄率	投资率	储蓄率	投资率	储蓄—投资缺口
2002	20.55	9.03	17.98	25.86	0.63	3.39	2.35
2003	22.04	9.87	18.12	27.07	1.42	4.66	2.06
2004	20.91	10.96	20.89	27.70	2.63	4.75	2.91
2005	21.90	12.00	20.28	26.05	3.39	4.60	4.58
2006	22.78	9.62	19.90	28.91	4.29	4.77	5.63
2007	23.39	8.65	20.38	28.67	5.75	4.35	9.80

---

① 每个部门的收入因素将出现两次，因为收入份额存在于每个部门的储蓄和投资的分解中。例如，Q_1 和 Q_4 表示家庭储蓄和投资中的收入份额因素。

② 正如前文所述，本书略去了对金融企业部门数据的列示与分析，但是在表中，加总的储蓄—投资缺口仍然遵循原有定义，包含国内所有部门。

第三章　中国经常账户储蓄—投资视角的分解框架和指数分解分析

续表

| 年份 | 未调整方法 |||||||
| | 居民 || 企业 || 政府 || 加总 |
	储蓄率	投资率	储蓄率	投资率	储蓄率	投资率	储蓄—投资缺口
2008	23.54	8.70	20.75	30.32	5.96	4.78	8.65
2009	24.82	10.07	19.03	32.82	5.01	5.80	2.59
2010	25.70	10.20	18.10	32.59	5.21	5.75	3.71
2011	24.87	12.13	16.81	31.31	5.76	5.08	2.06
2012	25.20	12.09	15.20	31.47	5.76	5.03	0.71
2013	23.57	12.47	17.20	29.63	5.00	4.85	1.28
2014	23.04	11.88	18.03	29.75	5.55	5.21	2.15
2015	22.85	10.75	16.51	29.27	4.51	5.51	1.54
2016	22.45	7.12	16.01	30.86	3.50	6.42	1.47
2017	22.04	6.23	16.97	31.59	3.41	6.52	2.22
2018	20.69	11.25	19.02	24.85	2.11	7.71	0.60
2019	20.98	11.86	19.16	26.80	1.01	4.46	0.52
2020	23.72	12.54	19.40	25.38	-2.39	5.56	0.56

| 年份 | 改进方法一 |||||||
| | 居民 || 企业 || 政府 || 加总 |
	储蓄率	投资率	储蓄率	投资率	储蓄率	投资率	储蓄—投资缺口
2002	21.06	9.03	16.45	22.80	1.65	6.45	2.35
2003	23.23	9.87	14.54	24.09	3.81	7.64	2.06
2004	21.91	10.96	17.74	26.81	4.78	5.65	2.90
2005	22.70	12.00	17.74	25.15	5.13	5.31	4.77
2006	23.71	9.62	16.94	28.10	6.31	5.43	5.78
2007	24.53	8.65	16.76	27.88	8.23	5.05	9.89
2008	24.91	8.70	17.97	29.49	7.36	5.54	8.71

续表

	改进方法一						
	居民		企业		政府		加总
年份	储蓄率	投资率	储蓄率	投资率	储蓄率	投资率	储蓄—投资缺口
2009	26.77	10.07	14.84	31.90	7.25	6.64	2.67
2010	28.18	10.20	12.65	31.61	8.18	6.65	3.79
2011	27.97	12.14	11.79	30.41	7.68	5.89	2.14
2012	27.99	12.10	11.19	30.71	6.98	5.73	0.76
2013	27.58	12.53	11.91	28.86	6.28	5.53	1.32
2014	25.75	11.89	14.32	29.08	6.55	5.87	2.15
2015	25.12	10.77	13.39	28.54	5.35	6.22	1.54
2016	25.03	7.12	12.04	29.64	4.88	7.64	1.47
2017	25.30	6.23	11.95	30.38	5.16	7.73	2.22
2018	24.38	11.25	13.36	23.56	4.08	9.00	0.59
2019	24.57	11.86	13.15	25.49	3.44	5.77	0.52
2020	27.19	12.54	12.56	23.93	0.98	7.01	0.56

	改进方法二						
	居民		企业		政府		加总
年份	储蓄率	投资率	储蓄率	投资率	储蓄率	投资率	储蓄—投资缺口
2002	21.06	9.03	19.52	25.86	-1.42	3.39	2.35
2003	23.23	9.87	17.52	27.07	0.83	4.66	2.06
2004	21.91	10.96	18.63	27.70	3.88	4.75	2.90
2005	22.66	11.97	18.60	26.00	4.40	4.59	4.76
2006	23.67	9.61	17.73	28.86	5.65	4.76	5.77
2007	24.51	8.64	17.53	28.64	7.53	4.35	9.88
2008	24.90	8.69	18.79	30.30	6.59	4.77	8.71
2009	26.75	10.06	15.75	32.80	6.40	5.80	2.67

第三章　中国经常账户储蓄—投资视角的分解框架和指数分解分析

续表

年份	改进方法二						
	居民		企业		政府		加总
	储蓄率	投资率	储蓄率	投资率	储蓄率	投资率	储蓄—投资缺口
2010	28.16	10.19	13.62	32.56	7.27	5.75	3.79
2011	27.94	12.12	12.67	31.29	6.87	5.08	2.14
2012	27.96	12.09	11.95	31.45	6.27	5.03	0.76
2013	27.51	12.46	12.68	29.62	5.60	4.85	1.31
2014	25.73	11.88	14.99	29.75	5.89	5.21	2.15
2015	25.11	10.75	14.12	29.27	4.63	5.51	1.54
2016	25.03	7.12	13.26	30.86	3.66	6.42	1.47
2017	25.30	6.23	13.16	31.59	3.95	6.52	2.22
2018	24.38	11.25	14.64	24.85	2.80	7.71	0.59
2019	24.57	11.86	14.46	26.80	2.13	4.46	0.52
2020	27.19	12.54	14.00	25.38	-0.46	5.56	0.56

注：原始数据来源于国家统计局的资金流量表，下载于 CEIC 数据库（2023 年 2 月），具体数值为笔者测算。

经过测算，未调整方法和两种改进方法的在各部门的实际差异可以归纳如下。（1）居民部门。无论采用何种改进方法，居民的储蓄率同未调整的方法相比都有所上升，平均增加了 2.25 个百分点，体现了"其他非金融资产获得减处置"对居民可支配收入的作用，而居民的投资率未发生改变。①（2）企业部门。从企业的储蓄率来看，改进方法一的企业储

---

① 人们在关注企业的投资行为时，往往忽视居民的投资行为，事实上，居民购房和建房以及个体户生产经营的固定资本形成均被计入投资。

蓄率低于未调整的储蓄率，平均减少了 4.13 个百分点，反映了"其他非金融资产获得减处置"对企业可支配收入的影响；改进方法二的企业储蓄率高于改进方法一的储蓄率，主要反映了"资本转移"对提高企业可支配收入的影响，平均而言，这使得改进方法二的企业储蓄率高出 1.18 个百分点；从企业的投资率来看，改进方法一的企业投资率比未调整方法降低了约 1.18 个百分点，减少的规模同样反映了"资本转移"对企业投资的影响，而改进方法二与未调整方法相同。（3）政府部门。从政府的储蓄率来看，改进方法一的政府储蓄率高于未调整的储蓄率，平均高出约 1.87 个百分点，反映了"其他非金融资产获得减处置"对政府可支配收入的影响，改进方法二的政府储蓄率低于改进方法一的储蓄率，进一步反映了"资本转移"的影响；从政府的投资率来看，改进方法一的政府投资率高于未调整方法约 1.13 个百分点，反映"资本转移"对政府投资的影响，而改进方法二与未调整方法相同。（4）加总结果。本书调整了储蓄和投资在各个部门间的分配，使之更趋合理，但是，该调整并不会影响到加总情形的储蓄和投资。总体而言，未调整的资金流量表将低估居民和政府的储蓄率，高估企业部门的储蓄率和投资率，通过调整能够更准确地反映各部门的储蓄和投资状况。

（二）分部门储蓄率和投资率的分解

各部门的储蓄率和投资率可以进一步地分解为该部门储

第三章 中国经常账户储蓄—投资视角的分解框架和指数分解分析

蓄倾向、投资倾向和部门可支配总收入占比，基于式（3.1）和式（3.2）的分解，表3-4列出了相应的分解结果。

表3-4　　　　　分部门储蓄率与投资率分解　　　　单位：%

未调整方法

年份	居民 储蓄倾向	居民 投资倾向	居民 收入占比	企业 储蓄倾向	企业 投资倾向	企业 收入占比	政府 储蓄倾向	政府 投资倾向	政府 收入占比
2002	32.20	14.15	63.83	100.00	143.86	17.98	3.80	20.45	16.57
2003	34.83	15.60	63.30	100.00	149.42	18.12	8.64	28.34	16.46
2004	34.71	18.19	60.25	100.00	132.62	20.89	15.52	28.08	16.93
2005	36.37	19.92	60.22	100.00	128.46	20.28	19.02	25.83	17.80
2006	38.13	16.11	59.73	100.00	145.24	19.90	23.36	25.98	18.36
2007	40.03	14.80	58.43	100.00	140.68	20.38	29.94	22.66	19.20
2008	40.36	14.91	58.33	100.00	146.14	20.75	31.90	25.57	18.67
2009	41.09	16.66	60.41	100.00	172.52	19.03	27.74	32.11	18.07
2010	42.76	16.97	60.10	100.00	180.10	18.10	28.20	31.11	18.48
2011	40.96	19.98	60.71	100.00	186.20	16.81	29.92	26.40	19.25
2012	40.78	19.57	61.80	100.00	207.10	15.20	29.15	25.47	19.76
2013	38.46	20.34	61.29	100.00	172.29	17.20	26.39	25.61	18.94
2014	37.99	19.59	60.65	100.00	165.02	18.03	29.45	27.62	18.85
2015	37.07	17.44	61.64	100.00	177.35	16.51	24.29	29.69	18.55
2016	36.14	11.46	62.10	100.00	192.77	16.01	19.57	35.89	17.89
2017	36.22	10.24	60.85	100.00	186.17	16.97	18.99	36.32	17.96
2018	34.82	18.94	59.43	100.00	130.63	19.02	11.24	41.18	18.73
2019	34.79	19.66	60.31	100.00	139.86	19.16	5.66	25.03	17.81
2020	38.13	20.15	62.21	100.00	130.81	19.40	−16.08	37.42	14.87

续表

改进方法一

年份	居民 储蓄倾向	居民 投资倾向	居民 收入占比	企业 储蓄倾向	企业 投资倾向	企业 收入占比	政府 储蓄倾向	政府 投资倾向	政府 收入占比
2002	32.73	14.03	64.33	100.00	138.58	16.45	9.38	36.69	17.59
2003	36.02	15.31	64.48	100.00	165.64	14.54	20.23	40.56	18.85
2004	35.77	17.89	61.25	100.00	151.13	17.74	25.04	29.60	19.08
2005	37.20	19.66	61.02	100.00	141.79	17.74	26.24	27.19	19.54
2006	39.08	15.86	60.67	100.00	165.83	16.94	30.97	26.63	20.38
2007	41.18	14.52	59.57	100.00	166.36	16.76	37.97	23.30	21.69
2008	41.73	14.57	59.70	100.00	164.08	17.97	36.65	27.60	20.08
2009	42.93	16.14	62.36	100.00	214.92	14.84	35.69	32.70	20.31
2010	45.03	16.29	62.59	100.00	249.90	12.65	38.12	31.00	21.45
2011	43.83	19.03	63.82	100.00	258.05	11.79	36.28	27.83	21.17
2012	43.33	18.74	64.58	100.00	274.30	11.19	33.26	27.33	20.97
2013	42.24	19.19	65.30	100.00	242.37	11.91	31.05	27.32	20.22
2014	40.64	18.77	63.36	100.00	203.07	14.32	33.00	29.55	19.85
2015	39.31	16.84	63.91	100.00	213.11	13.39	27.57	32.09	19.39
2016	38.69	11.00	64.68	100.00	246.09	12.04	25.34	39.65	19.27
2017	39.47	9.71	64.11	100.00	254.24	11.95	26.19	39.22	19.71
2018	38.63	17.83	63.12	100.00	176.45	13.36	19.72	43.47	20.71
2019	38.45	18.56	63.90	100.00	193.94	13.15	16.99	28.50	20.25
2020	41.40	19.09	65.68	100.00	190.60	12.56	5.39	38.43	18.24

第三章　中国经常账户储蓄—投资视角的分解框架和指数分解分析

续表

<table><tr><td colspan="10">改进方法二</td></tr><tr><td rowspan="2">年份</td><td colspan="3">居民</td><td colspan="3">企业</td><td colspan="3">政府</td></tr><tr><td>储蓄倾向</td><td>投资倾向</td><td>收入占比</td><td>储蓄倾向</td><td>投资倾向</td><td>收入占比</td><td>储蓄倾向</td><td>投资倾向</td><td>收入占比</td></tr><tr><td>2002</td><td>32.73</td><td>14.03</td><td>64.33</td><td>100.00</td><td>132.52</td><td>19.52</td><td>-9.75</td><td>23.33</td><td>14.53</td></tr><tr><td>2003</td><td>36.02</td><td>15.31</td><td>64.48</td><td>100.00</td><td>154.49</td><td>17.52</td><td>5.25</td><td>29.39</td><td>15.87</td></tr><tr><td>2004</td><td>35.77</td><td>17.89</td><td>61.25</td><td>100.00</td><td>148.68</td><td>18.63</td><td>21.36</td><td>26.14</td><td>18.19</td></tr><tr><td>2005</td><td>37.20</td><td>19.66</td><td>60.91</td><td>100.00</td><td>139.77</td><td>18.60</td><td>23.44</td><td>24.42</td><td>18.79</td></tr><tr><td>2006</td><td>39.08</td><td>15.86</td><td>60.58</td><td>100.00</td><td>162.83</td><td>17.73</td><td>28.67</td><td>24.18</td><td>19.70</td></tr><tr><td>2007</td><td>41.18</td><td>14.52</td><td>59.52</td><td>100.00</td><td>163.37</td><td>17.53</td><td>35.89</td><td>20.73</td><td>20.96</td></tr><tr><td>2008</td><td>41.73</td><td>14.57</td><td>59.66</td><td>100.00</td><td>161.25</td><td>18.79</td><td>34.14</td><td>24.73</td><td>19.30</td></tr><tr><td>2009</td><td>42.93</td><td>16.14</td><td>62.31</td><td>100.00</td><td>208.23</td><td>15.75</td><td>32.92</td><td>29.81</td><td>19.45</td></tr><tr><td>2010</td><td>45.03</td><td>16.29</td><td>62.54</td><td>100.00</td><td>239.14</td><td>13.62</td><td>35.41</td><td>27.98</td><td>20.53</td></tr><tr><td>2011</td><td>43.82</td><td>19.02</td><td>63.76</td><td>100.00</td><td>246.87</td><td>12.67</td><td>33.75</td><td>24.96</td><td>20.34</td></tr><tr><td>2012</td><td>43.32</td><td>18.73</td><td>64.54</td><td>100.00</td><td>263.18</td><td>11.95</td><td>30.95</td><td>24.82</td><td>20.26</td></tr><tr><td>2013</td><td>42.18</td><td>19.11</td><td>65.21</td><td>100.00</td><td>233.68</td><td>12.68</td><td>28.67</td><td>24.81</td><td>19.54</td></tr><tr><td>2014</td><td>40.63</td><td>18.75</td><td>63.34</td><td>100.00</td><td>198.44</td><td>14.99</td><td>30.70</td><td>27.13</td><td>19.19</td></tr><tr><td>2015</td><td>39.29</td><td>16.83</td><td>63.90</td><td>100.00</td><td>207.25</td><td>14.12</td><td>24.80</td><td>29.49</td><td>18.67</td></tr><tr><td>2016</td><td>38.69</td><td>11.00</td><td>64.68</td><td>100.00</td><td>232.69</td><td>13.26</td><td>20.30</td><td>35.57</td><td>18.05</td></tr><tr><td>2017</td><td>39.47</td><td>9.71</td><td>64.11</td><td>100.00</td><td>240.10</td><td>13.16</td><td>21.37</td><td>35.25</td><td>18.50</td></tr><tr><td>2018</td><td>38.63</td><td>17.83</td><td>63.12</td><td>100.00</td><td>169.74</td><td>14.64</td><td>14.39</td><td>39.72</td><td>19.42</td></tr><tr><td>2019</td><td>38.45</td><td>18.56</td><td>63.90</td><td>100.00</td><td>185.43</td><td>14.46</td><td>11.24</td><td>23.55</td><td>18.93</td></tr><tr><td>2020</td><td>41.40</td><td>19.09</td><td>65.68</td><td>100.00</td><td>181.24</td><td>14.00</td><td>-2.77</td><td>33.13</td><td>16.79</td></tr></table>

注：同表3-3。

分解结果表明：（1）居民部门。改进方法一和改进方法二算出的储蓄倾向、投资倾向和可支配收入占比相同。居民储蓄倾向始终远远高于投资倾向。相较于未调整方法，居民部门的储蓄倾向和可支配收入占比更高。（2）企业部门。企业部门的可支配收入恒等于储蓄，其储蓄倾向始终是100%。由于改进方法一从企业投资中扣减了"资本转移"，而改进方法二将"资本转移"计入了可支配收入，二者计算的投资倾向存在差异，后者计算的企业可支配收入占比高于前者。（3）政府部门。因为改进方法一和改进方法二对"资本转移"的计入方法不同，所以两种计算的储蓄倾向和投资倾向存在差异，而后者计算的政府可支配收入占比低于前者。在之后的分析中，本书将主要使用改进方法二的结果进行测算。

（三）指数分解分析（IDA）

由于对于中国经常账户分析的时间跨度长达近二十年，在这期间，中国的经常账户趋势和结构发生了较大的变化，为了更好地开展分部门的分析，本书采用IDA方法对部门储蓄倾向、部门投资倾向和部门可支配总收入占比进行分析。具体而言，根据经常账户走势的时间跨度特征，本书就三个时间段进行IDA分析，分别为2003—2007年的经常账户快速上升期、2007—2010年的经常账户快速下降期以及2010—2016年的经常账户缓慢下降期，以厘清在这三个阶段中，经常账户变动的主要动力。具体的结果如表3-5所示。

第三章 中国经常账户储蓄—投资视角的分解框架和指数分解分析

表3-5　　　　　　　　　　IDA 分解结果　　　　　　　　单位:%

因素	储蓄						三部门整体
	储蓄倾向			收入占比			
	居民	企业	政府	居民	企业	政府	
变动值							
2003-2007年	3.19	0.00	5.84	0.49	-1.56	1.57	7.96
2007-2010年	2.35	0.00	-0.10	-1.08	-11.65	-1.50	-7.39
2010-2016年	-4.03	0.00	-2.93	3.36	0.87	-1.46	-2.99
贡献率							
2003-2007年	18.25	0.00	33.38	2.80	-8.89	8.98	100
2007-2010年	-31.81	0.00	1.35	14.62	157.62	20.35	100
2010-2016年	134.83	0.00	97.94	-112.42	-29.00	48.78	100

因素	投资						三部门整体
	投资倾向			收入占比			
	居民	企业	政府	居民	企业	政府	
变动值							
2003-2007年	-1.91	0.01	0.85	0.74	-0.01	-1.25	7.96
2007-2010年	1.30	-3.91	-0.15	-0.46	7.71	0.10	-7.39
2010-2016年	0.89	-0.36	-0.68	-0.29	0.85	0.78	-2.99
贡献率							
2003-2007年	-10.91	0.05	4.84	4.23	-0.08	-7.16	100
2007-2010年	-17.61	52.92	2.07	6.29	-104.40	-1.41	100
2010-2016年	-29.89	12.04	22.66	9.63	-28.41	-26.17	100

注：基于表3-4的结果测算得到，数值变化均为期末相对于期初的变化，期间的上下波动并未考虑在内，因而较为适合分析在一段时间内较一致的趋势性变化。

储蓄—投资视角的中国经常账户研究

为了更好地理解经常账户变动背后的经济因素,本书将经常账户余额占比分解为部门储蓄和投资倾向以及收入比例(表3-4)。更进一步地,在这里使用 LMDI I 方法进行 IDA 分析。分别提取了 2003—2007 年、2007—2010 年和 2010—2016 年三个阶段驱动经常账户失衡运动的主要因素(表3-5)。在第一阶段,中国经常账户处于持续上升态势,LMDI I 分解结果表明,这一时期经常账户顺差上升的主要贡献者来自居民部门储蓄倾向和政府部门储蓄倾向的上升,同时居民、政府部门收入占比对于储蓄上升也有较显著的作用。在第二阶段,中国经常账户顺差有了一个快速的下降,其外部背景为次贷危机和国际金融危机的爆发,分解结果表明,这一时期经常账户的减少以企业投资倾向和企业收入份额的下降为主,而后者又显著地影响了企业的储蓄行为。在第三阶段,经常账户余额继续下降,在这其中,家庭储蓄倾向、政府储蓄倾向和政府投资倾向是三大影响因素。总体而言,根据 IDA 的分解结论,可以将中国经常账户的内部视角分析划分为两个时间段:第一个时间段是 2002—2007 年,在这一时期,经常账户顺差持续上升,即次贷危机转变为国际金融危机之前,在这一时期,经常账户顺差出现了持续的上升;第二个时间段是 2007 年之后,经常账户首先是快速下降,之后出现较为缓和的下降。在后续的两章中,本书将分别就这两个时间段的经常账户走势,结合本节的分解结论,从储蓄—投资的内部视角展开探讨。

第四章
国际金融危机前的中国经常账户

第四章 国际金融危机前的中国经常账户

一 典型事实

本章关注国际金融危机前的中国经常账户走势以及其分部门的特征，以期从内部视角解释与分析这一时期中国经常账户快速上升的原因。在上一章的分析中，本书已经给出各个部门每年的储蓄率、投资率，以及储蓄倾向、投资倾向和收入占比，并对其中的影响因素做 IDA 的相关分析。本节的典型事实将首先回到加总的经常账户视角，并结合上述分解、分析结论，对这一时期各部门储蓄、投资变动的典型事实做一分析和总结，并在下一节中从分部门的微观视角展开分析。

图 4-1 显示了中国的经常账户余额占 GDP 的比重，以及中国的总储蓄和总投资占 GDP 的比重，二者之差即为经常账户的占比，因此，可以分别分析储蓄和投资在经常账户变动中的作用。2002—2008 年总储蓄占比呈现稳步上升的趋势，从 38.7% 增长到 51.6%，提高超过 12 个百分点。由此可见，储蓄率变化是造成经常账户顺差持续扩大的长期性因素。从表 3-3 中分部门结果来看，在 2002 年至 2008 年，居民和政府储蓄率基本保持持续上升的趋势，企业储蓄率虽然存在短期波动，但并未呈现上升趋势。因此，储蓄率的持续上升最大的贡献来自居民部门和政府部门。那么居民部门和政府部门储蓄的持续增长又源于何处呢？根据表 3-3 的分解结果，居民部门储蓄率的持续上升主要来源于储蓄倾向发生的变化，

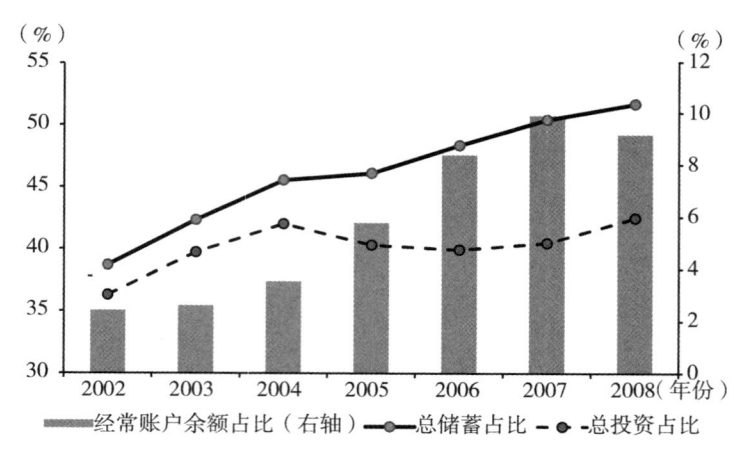

储蓄—投资视角的中国经常账户研究

图 4-1 中国的经常账户、总储蓄、总投资占 GDP 比重的走势

资料来源：IMF WEO 数据库（2022 年 10 月版）。

2002—2008 年以来，居民的储蓄倾向上升了近 12 个百分点。与此同时，居民的可支配收入占比出现了下降，但是其影响远远低于储蓄倾向上升的影响，最终居民储蓄率呈现上升的趋势。政府储蓄的变动原因和居民储蓄略有不同，政府的储蓄倾向和可支配收入占比同时上升。从 IDA 分解的结果来看，同样支持居民部门和政府部门的储蓄倾向是经常账户顺差上升的最主要贡献者。本章将在下一部分首先对居民和政府部门的储蓄率和储蓄倾向做进一步的讨论。

相较之下，投资占比并没有出现明显的上升或下降趋势，从 IDA 的结果来看，各个部门的投资率均不是经常账户顺差上升的主因。但值得注意的是，投资占比的短期波动较为明显。2002—2004 年，投资占比不断提高，从 36.3% 提高到

第四章 国际金融危机前的中国经常账户

42.0%，但投资占比的增幅略小于同期储蓄占比的增幅，因此储蓄—投资缺口仍在一直扩大。但 2004 年之后，投资占比出现了大幅度波动，尤其是 2005 年和 2006 年，投资占比都出现了下降。但在这两年，储蓄占比仍然在不断上升，这是造成储蓄—投资缺口迅速扩大的重要原因。表 3-3 的分部门投资率数据显示，企业投资率巨大波动是 2005 年和 2006 年投资率下降的主要推动力。具体地，从 2002 年到 2004 年，企业的投资率和投资倾向都在稳步增长，这与整体投资率的变动趋势是一致的。但是 2004 年之后，企业投资率出现了很大波动。从分解的结果来看，企业的可支配总收入占比的变化较为温和，但是企业的边际投资倾向的变化却非常剧烈。尤其是在 2005 年，企业投资率下降了 2 个百分点，投资倾向（投资与储蓄之比）下降了 13 个百分点。2006 年企业投资率和投资倾向又出现上升。但 2007 年，企业投资率再次出现了下降。这一年，企业可支配收入占比仍在提高，但由于投资倾向剧烈下降了 20 个百分点，因此导致企业投资率出现下降。除企业之外，政府投资率和投资倾向在 2004—2007 年出现了明显下降，这也是导致这段时期总体投资率下降的重要因素。因此，在下一部分的分析中，对于政府部门的分析将包括政府投资情况，随后再对企业部门展开分析。

二 分部门特征[①]

(一) 居民部门

从资金流量表的数据来看，2002-2008年以来居民部门的储蓄率从21.06%稳步上升到24.90%（表3-3，改进方法二），储蓄倾向从32.73%逐渐增加至41.73%（表3-4，改进方法二）。但是，与此同时，居民部门投资率和投资倾向在七年间并未出现明显变动。由此可见，居民储蓄率的持续上升是居民部门顺差扩大的主要原因。这一点与文献的研究是一致的，在本书整理的从消费者视角理解经济失衡问题的研究中，所有的文章都是集中在储蓄层面。本小节，我们利用分解资金流量表的结果，尝试对现有的失衡问题进行分析以及文献评述。此外，本书的着眼点并非解释为什么中国相对于其他国家有着更高的储蓄率和储蓄倾向，而是试图解释中国居民储蓄倾向为何在2002—2007年呈现出不断上升的趋势。

考虑中国的城镇和农村居民面临的经济环境存在显著差异，根据《中国统计年鉴》历年数据，我们计算了2002—2008年城镇居民和农村居民的储蓄倾向[②]，分别列在表4-1

[①] 本章的分部门特征的讨论部分以《理解中国2002~2008年的经常账户顺差扩大之谜》发表于《世界经济》2015年第2期，数据及表述有更新。

[②] 储蓄倾向是指本部门的储蓄占部门收入的比重。

中的最后两列。从官方数据来看，这一期间内城镇居民储蓄倾向从21.72%持续上升至28.76%，但是农村居民储蓄倾向却并没有呈现明显的上升趋势。考虑到中国的城镇居民收入显著高于农村居民收入，中国的城市化率也从2002年的39.09%上升至2008年的45.68%，所以可以将城镇部门视为居民储蓄率上涨的主要贡献者。因此，解释中国居民部门的储蓄率上涨，重点应该考察城镇居民部门。事实上，现有的文献的多数研究都是以中国的城镇居民数据为背景进行分析，也间接印证了这一结论。

表4-1　　城镇居民和农村居民收入、消费与储蓄倾向　　单位：%

年份	城镇居民平均可支配收入(元)	农村居民平均纯收入(元)	城镇居民平均消费性支出(元)	农村居民平均生活消费支出(元)	城镇居民储蓄倾向	农村居民储蓄倾向
2002	7703	2476	6030	1834	21.72	25.93
2003	8472.2	2622.2	6510.94	1943.3	23.15	25.89
2004	9422	2936	7182	2185	23.77	25.58
2005	10493	3255	7943	2555	24.30	21.51
2006	11759	3587	8697	2829	26.04	21.13
2007	13786	4140	9997	3224	27.48	22.13
2008	15781	4761	11243	3661	28.76	23.10

资料来源：历年《中国统计年鉴》。

但是，为什么城镇居民的储蓄率在过去十年内出现显著提高呢？现有文献主要从人口因素、预防性储蓄因素、金融因素以及文化习惯因素四个视角加以分析。从资金流量表分

储蓄—投资视角的中国经常账户研究

解的结果来看，尽管四种解释都在很大程度上与现实数据相吻合，但也存在一系列难以解释之谜题。

　　首先看人口因素。从生命周期理论的视角，劳动年龄人口的储蓄率高于少年和老年人，因此中国的少年抚养比下降会推高居民部门总体储蓄率，而老年抚养比上升又会降低居民部门总体储蓄率；当前者的速度超过后者时，中国的总体储蓄率会上升。考虑到 2002—2008 年，中国的少年抚养比例从 35.39% 迅速下降至 28.70%，老年抚养比例仅从 10.38% 上升至 11.10%，总体储蓄率上升就不难理解了。但是，当我们根据 2002—2008 年城镇居民住户调查数据，利用 Mankiw 和 Weil（1989）的方法对储蓄率按照人口年龄进行分解的时候（表 4-2）[①]，发现中国的劳动年龄人口储蓄倾向明显低于老年储蓄倾向。由此来看，与发达国家经验不同，中国的人口老龄化可能还会进一步推动储蓄率上升，强化人口结构变迁对储蓄率的影响。而这一点，不是传统的生命周期理论所能解释的，可能与这一时期中国经济面临的诸多不确定性有关联，接下来会详细论述。

---

① 消费是家庭层面的变量，而年龄是个体层面信息，从微观视角研究年龄对消费的影响，需要从技术上将家庭消费分解至不同的个体年龄。关于这一点，并没有公认的处理方法。这里采用 Mankiw 和 Weil（1989）提出的方法，用于观察不同年龄结构人群的住房需求。

表 4-2　　　　　分年龄结构的城镇居民储蓄倾向

年份	劳动年龄人口储蓄倾向	老年储蓄倾向
2002	30.01%	37.99%
2004	29.67%	39.73%
2006	34.11%	44.12%

资料来源：根据2002年、2004年和2006年中国16省的微观城镇住户调查数据估算，具体处理方法同表4-1。此处，我们遵循联合国人口署的标准统计口径，将14—63岁人群称为劳动年龄人口，64岁及以上人群称为老年人群。

其次是预防性储蓄因素。由于经济体制不完善，中国经济发展中的不确定性日益增强，从而诱使中国的城镇居民增加预防性储蓄，也是文献中解释中国经济储蓄高企的重要原因。但是，若仅仅是体制问题这一个因素，很难解释为何中国在2002年至2007年期间储蓄率会迅速增加，因为在这期间中国的经济体制并无任何变化。一个更加合适的解释，或许是将其与中国的收入快速上涨相结合。即便体制性因素不变，伴随人们收入增加，人们的基本消费增加相对缓慢，而用于应对不确定性所需要的储蓄却会加速增长。中国的城镇居民行为显然吻合这一推断。2002—2008年，中国城镇居民平均可支配收入从7703元上升至15781元，提高了两倍多。但是，城镇居民平均消费性支出仅从6030元上升至11243元，上涨幅度明显低于收入增长幅度。最终，城镇居民储蓄倾向从21.72%上升至28.76%（如表4-1所示）。笔者还利用国家统计局城市社会经济调查总队在2002—2008年对全国

16 省进行的城镇住户抽样调查数据,估算城镇居民储蓄倾向,也发现城镇居民的储蓄倾向随着收入提高会逐渐增加。具体地,将低收入人群定义为收入最低 25% 的人群,高收入人群定义为收入最高 25% 的人群,其他收入人群定义为中等收入人群,分别计算他们的储蓄倾向,部分结果列在表 4-3 中。结果表明,高收入居民的储蓄倾向高于中等收入居民,后者又高于低收入居民。因此,随着收入的提高,城镇居民的储蓄倾向会明显增加,且越是高收入的人群,储蓄倾向增加的趋势越明显。由此可见,如果将收入快速上涨与体制性不确定性相结合,能够更多地解释城镇居民储蓄倾向上升。此外,这个视角或许也能够为理解中国的农村储蓄率增长速度缓慢于城镇提供一种解释。中国的农村居民拥有集体建设用地的所有权,客观上形成其一种养老保障,再加上其收入增长速度在 2002—2008 年慢于城镇居民,因此储蓄率上涨速度也就要缓慢一些。

表 4-3　　　　　分收入阶层的城镇居民储蓄倾向

年份	低收入居民储蓄倾向	中等收入居民储蓄倾向	高收入居民储蓄倾向
2002	8.52%	19.52%	28.63%
2004	8.41%	21.14%	31.44%
2006	11.06%	24.08%	33.28%
2008	12.16%	25.98%	36.01%

资料来源:根据 2002 年、2004 年、2006 年和 2008 年中国 16 省的微观城镇住户调查数据估算,具体处理方法同表 4-1。

第四章 国际金融危机前的中国经常账户

再次看流动性约束的解释。从流动性约束视角理解居民借贷行为的文献在近年来逐渐得到重视。在缺乏消费信贷或者资本市场不完全引起的信贷配给的情况下，消费者行为偏离欧拉方程决定的最优水平，造成流动性约束，从而推高居民储蓄率。但是，流动性约束的影响，也必然与中国经济面临的不确定性紧密相连，因为不确定性是消费者在不同期间跨期配置消费的主要原因，而流动性约束的存在则会影响跨期资源配置行为，从而改变储蓄行为。如果仅仅存在流动性约束，但是没有不确定性，也不会对储蓄率产生影响。在最近的一篇论文中，Wang 和 Wen（2012）以房屋价格变化的影响为例，利用 DSGE 模型证明房价上涨并不会带来社会总储蓄率上升，而只有当不确定性与借贷约束同时存在时，社会总储蓄率才会增加，印证了这一结论。但是，从这个视角解释高储蓄率也存在一个质疑：中国的农村居民和城镇居民一样，都面临流动性约束，且农村居民的信贷约束还要强于城镇居民，可为何城镇居民储蓄率上升速度更快呢？除非我们能从经验研究中证实农村的不确定性还要强于城镇，否则很难从这一因素解释中国城乡储蓄率变化的差异。

最后，许多偏社会学的学者倾向认为，中国的储蓄率较高，与包括宗教、历史、消费文化、社会流动性等文化习惯因素是密不可分的。但是，对于预防性储蓄的指责同样适用于此处：在 2002 年至 2008 年期间，很难说中国的文化习惯出现显著变化，但为何居民储蓄率会迅速上升呢？这一问题，在文献中并没有得到很好的回答。我们认为，一个能够包容文化因素的合理解释是：中国的文化对于不同类型的居民是异质性的。例如，在中国文化中，高收入人群需要更高的储蓄率来保障自己的社会地位，而低收入人群则无太多相关顾虑。因此，当中国居民收入迅速上升时，越来越多的人进入高收入阶段，会推动储蓄增加。这个问题在后续的章节仍将有所探讨。

（二）政府部门

理解中国经济问题，政府行为总是不可避免的关键之一，国内的储蓄—投资问题亦是如此。前文分析表明，政府储蓄倾向和储蓄率在2002年至2006年期间快速上升，是中国储蓄率上升的最重要因素之一，且2006—2008年政府储蓄虽有所下降，但仍然维持在高位。但是，政府投资倾向和投资率却在2002年至2004年小幅上升之后，在2004年至2007年间出现了下降，从而使政府部门的储蓄—投资缺口不断扩大（图4-2）。因此，本节的内容试图回答如下两个问题：第一，为什么政府部门的储蓄倾向会出现逐年上升并处于高位？第二，为什么政府投资倾向在2004年之后出现了波动？

1. 政府部门储蓄倾向持续上升的原因

中国的政府储蓄既包括财政储蓄（财政收入减去财政中的消费性支出），也包括事业单位等部门的储蓄，同时还包括社保收入及地方政府土地出让金收入。从数据来看，政府财政情况的好转，政府社保体系覆盖范围扩大带来的社保净

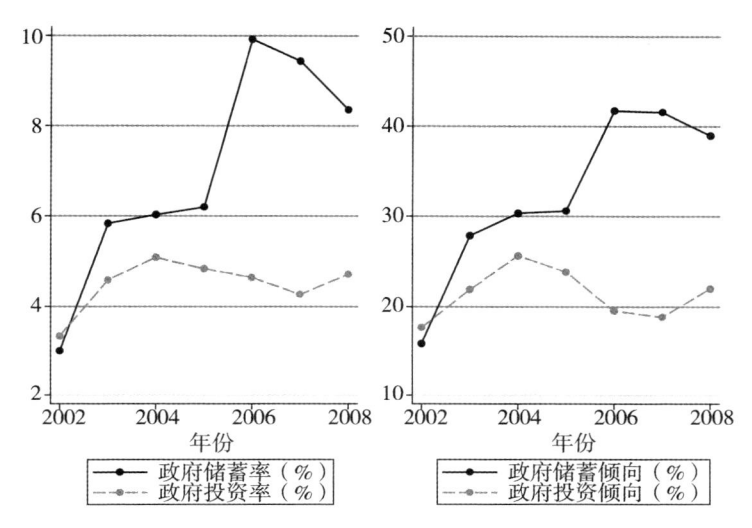

图 4-2 政府部门的储蓄率、投资率、储蓄倾向和投资倾向

收入的增加以及土地出让金收入的增加，应是造成政府部门储蓄持续上升的主要原因。

第一，政府财政状况的好转促使政府部门的储蓄倾向增加。政府储蓄是指政府的可支配收入减去政府的消费性支出，政府的财政盈余则等于政府的财政收入减去财政支出。尽管政府储蓄的口径大于政府财政余额，但是二者在多数情况下存在正相关关系，财政盈余的变动本身会导致政府储蓄率的变化[①]。从

---

① 当然，政府储蓄和政府财政盈余存在衡量口径的差异：（1）计算财政盈余所用的是纳入财政预算管理的收入，而计算政府储蓄所使用的政府可支配收入则包含了政府的预算外收入（包括土地出让金、行政事业收费等）、事业单位的自营收入、社会保障基金净收入以及政府的其他收入（如政府存款利息、土地出租租金等）；（2）政府的财政盈余扣除了所有纳入预算管理的财政支出，但是政府储蓄仅扣除了消费性支出；（3）政府的消费性支出和投资性支出，包含政府预算外的消费支出、投资支出和资本转移，但这些不计入财政口径。

储蓄—投资视角的中国经常账户研究

图 4-3（a）可以看出，2002 年之后，政府的财政逐渐从赤字转向盈余，财政盈余占国家财政收入的比重从 2000 年 -18.6%的最低点提高到了 2007 年最高点 3.0%，促使政府的储蓄率逐渐增加。

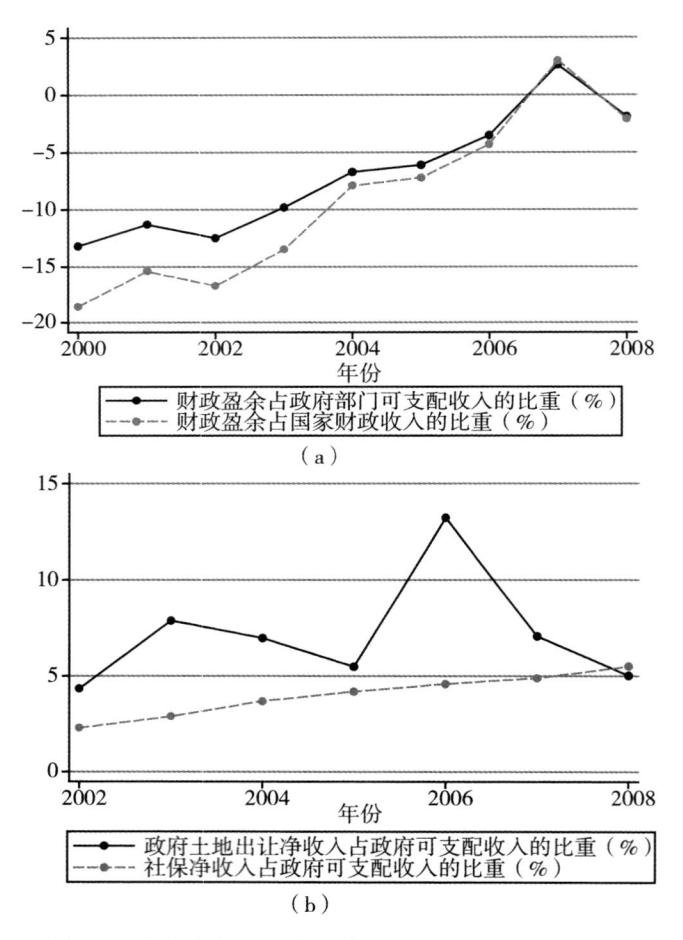

（a）

（b）

图 4-3 政府财政盈余、社保净收入和土地出让收入的变化

第二，社保体系覆盖范围的扩大是促成2002年以后政府储蓄增加的另一重要原因。在中国的财政体系中，政府社保净收入（社保收入减去社保支出）并不计入财政预算管理，但是这一部分同时也没有用作固定资产投资，因此形成政府部门的储蓄。随着中国社会保障体制覆盖范围的不断扩大，更多的劳动年龄人口开始缴纳社会保障费，2008年社会保障总收入已经达到13696亿元。而与此同时，领取社会保障收入的人群增长相对缓慢，2008年社会保障总支出为9925亿元。从2002年到2008年，社会保障净收入保持为正数且不断增长。在2002年至2008年期间，中国社保净收入占政府可支配收入的比重提高了3.2个百分点（图4-3（b）），这也是导致这一时期政府由负的净储蓄转变为正的净储蓄的一项重要原因。

第三，土地出让金收入的逐年增加也是政府储蓄上升的重要来源（图4-3（b））。企业从政府手中购买国有土地的使用权，政府因而获得土地出让毛收入，在扣除土地平整费用和向居民部门支付征地补偿金之后，构成政府的土地出让净收入。以2006年为例，政府土地出让净收入占政府可支配收入的比重超过10%。

2. 政府投资倾向波动的原因

在中国经济快速增长的过程中，政府的投资行为至关重要。图4-2显示，政府投资倾向2002年和2003年高达近30%，但是2004—2007年政府的投资倾向呈现逐年下降的趋势，2008年才开始有所回升①。政府投资倾向的波动很大程度上源于政府的宏观调控政策。中国政府财政政策的核心是以支出为导向，而不是以减税或增税为导向：在经济情势不好时，政府通常进行大规模基本建设投资来实施其扩张性财政政策，政府投资倾向增加②，而在经济过热时，政府又通过减少基本建设投资实施紧缩性财政政策，政府投资倾向降低。

1998年至2003年间，为了抵御亚洲金融危机的冲击和缓解国内通货紧缩，中国的宏观调控以积极的财政政策为主，其中重要的手段包括"增发国债，加强基础设施投资"③。与此同时，中国还用部分国债作为财政贴息资金，并积极推动重点行业和企业的技术改造。扩张性财政政策是政府投资倾向在2002年和2003年快速上升的一个重要原因。

但是，随着2004年的经济过热，中国宏观调控目标开始紧缩，财政政策也由扩张型变为紧缩型。这主要表现在：一是国债投资规模调减行业调向;④二是推后预算内建设性支出

---

① 在本节，我们主要使用改进方法一的结果来分析政府投资倾向的变化，主要原因是中国的资本转移更多反映了政府的投资意愿，计入政府部门显得更符合经济学逻辑。

② 除了使用预算内资金外，政府还通过发行国债或者向银行贷款的方式为基础设施建设进行融资。

③ 国债资金主要投向农林水利、交通通信、城市基础设施、城乡电网改造、国家直属储备粮库建设等方面，从1998年至2004年，中国累计实际安排国债项目资金8643亿元，并拉动银行贷款和各方面配套资金等逾2万亿元。

④ 2004年国债发行规模比上年调减300亿元，主要用于农村、社会事业、西部开发、东北地区等老工业基地、生态建设和环境保护，以缓解经济局部过热。

的时间。另外，针对固定资产投资增长过快，适当放慢了国债项目资金拨付进度。紧缩型的财政政策是2004—2007年政府投资倾向不断下降的一个重要原因。

2008年国际金融危机爆发之后，中国又转变为积极型财政政策，中央政府推出了四万亿投资计划，地方政府也大刀阔斧地进行投资。因此，2008年政府的投资倾向又开始回升。

透过上面的分析不难看出，中国政府投资倾向的变动很大程度上源于政府利用财政政策进行宏观调控的方向。我们也可以从其他数据当中得到一些佐证：一方面，政府财政政策的扩张性和紧缩性很大程度上反映在政府财政赤字或盈余的状态，在经济衰退时由于政府投资增加而出现赤字财政，而经济过热时政府投资减少又会使财政出现盈余（见图4-3（a））；另一方面，政府投资倾向还反映在了政府财政

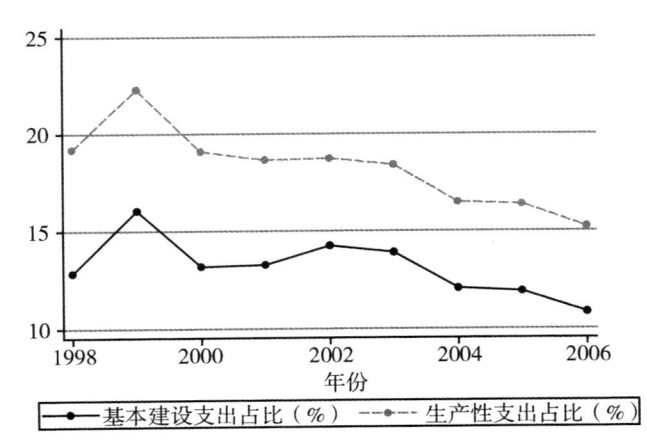

图4-4 财政支出中基本建设支出占比和生产性支出占比

支出中生产性支出（尤其是基本建设支出）所占比重。图4-4显示，2004年之后，政府财政支出中基本建设支出占比和生产性支出占比都出现了下降。①

（三）企业部门

根据前文的分析，投资率的波动是造成中国储蓄—投资失衡短期波动的关键原因，而其中企业投资的贡献最为重要。从加总的数据来看（图4-1），中国整体的投资率在2002-2004年出现较大幅度的上升，随后在2005年下降并在之后的年份呈现波动的态势，企业投资的波动在其中扮演了重要角色。本部分的第一项工作是利用更详尽的数据，从时间序列视角分析企业投资波动可能的原因。由于企业投资是社会总投资的最重要部分②，中国储蓄—投资缺口不断扩大的另一个重要原因是部分储蓄没有转化成企业投资。本部分的第二项工作试图从横截面视角比较不同类型企业的投资和储蓄差异，对阻碍储蓄向企业投资转化的原因给出一些尝试性的回答。最后，企业分红可以降低企业储蓄、提高居民可支配收入，我们试图用宏观数据揭示中国企业分红比重的时序变化趋势。

---

① 生产性支出包含基本建设支出、企业挖潜改造支出、增拨企业流动资金和科技三项费用。2007年之后，统计年鉴对财政支出分类进行了重大调整，因此图4-4的数据只到2006年。

② 根据资金流量表数据，2002—2008年，企业投资占社会投资的比重平均为67.4%。

第四章 国际金融危机前的中国经常账户

1. 时间序列视角的企业投资波动

本小节试图用 CEIC 数据库①中企业的资产负债表和损益表加总数据，对企业的储蓄和投资在时间序列上的变动进行更为细致的分析。

利用企业资产负债表和损益表的相关变量，企业投资可以定义为：

企业投资 = 企业资本形成②
= 企业固定资本形成+存货增加
= 企业固定资产增加额+折旧+存货增加

企业储蓄可以定义为：

企业储蓄 = 企业税后净利润 + 固定资产折旧-分红

由于 CEIC 数据库当中没有企业分红这一变量，我们只能考察分红前的企业储蓄。这一处理的误差不会很大，因为企业分红占企业储蓄的比例较小。根据资金流量表提供的数据，2002—2008 年，企业分红占企业储蓄的比值平均为 10.7%。因此，我们先将焦点集中于分红前的企业储蓄，关于企业分红对企业储蓄的影响随后再详细展开。

---

① 由于 CEIC 数据库中服务业数据缺失严重，我们将焦点集中于工业企业。
② 理论上，企业资本形成包含矿藏勘探、计算机软件等无形资产方面的支出（资产负债表中的企业固定资产项目则不包含这些支出），数据当中也缺乏这类支出的具体数额，因此在定义企业投资时，我们没有将此计入。

根据上面数据，我们计算了企业的投资倾向。由于企业的可支配收入即为企业的储蓄，因此企业的投资倾向可以理解为企业投资与储蓄之比。结果显示，企业的投资倾向在 2002 年到 2004 年快速上升，但在 2005 年和 2007 年都相比上一年出现了较大幅度的下降（表 4-4）。

但是，企业投资倾向是一个宏观经济指标。企业在自身进行投资决策时，并不会以投资占收入（即储蓄）的比重作为判断标准，而是往往会计算投资和收入分别占资产的比重，以此作为核心财务指标。而且，由于企业投资倾向为企业投资与储蓄之比，企业投资倾向下降既有可能是企业储蓄增加导致，也有可能是企业投资减少导致。为进一步探究企业行为的微观内涵，分析企业投资倾向下降的背后原因，我们借鉴 Bayoumi 等（2013）[1] 以及公司金融领域常用的方法，将企业储蓄和投资规模用企业资产进行标准化。于是，企业投资倾向可由如下公式表示：

$$企业投资倾向 = \frac{投资}{储蓄} = \frac{投资/资产}{储蓄/资产} = \frac{投资与资产比}{资产回报率}$$

为简化起见，下文我们将企业投资与资产之比简称为"投资与资产比"，将企业分红前储蓄与资产之比称为"资产

---

[1] Bayoumi, T., Tong, H. and Wei, S. J., " 2013, "The Chinese Corporate Savings Puzzle: A Firm-Level Cross-Country Perspective", in *Capitalizing China*, Joseph P. H. Fan and Randall Morck, University of Chicago Press.

第四章 国际金融危机前的中国经常账户

回报率"[1]。于是，企业投资倾向就等于投资与资产比除以资产回报率。

表4-4　　　　　　工业企业的投资倾向分解

年份	（1）企业投资倾向（投资/储蓄）	（2）投资与资产比	（3）资产回报率	（4）其中：净利润/资产	（5）其中：折旧/资产	（6）企业资本形成年增长率	（7）其中：固定资本形成年增长率	（8）其中：存货投资年增长率
2001	111.8%	6.9%	6.2%	2.9%	3.3%	11.7%	14.2%	-7.6%
2002	106.9%	7.0%	6.6%	3.2%	3.4%	10.0%	10.8%	3.0%
2003	129.3%	9.8%	7.6%	4.1%	3.5%	60.4%	45.3%	213.7%
2004	178.6%	14.4%	8.0%	4.6%	3.5%	87.4%	77.7%	133.1%
2005	124.7%	11.1%	8.9%	5.0%	3.9%	-12.4%	-3.9%	-42.8%
2006	130.9%	12.4%	9.5%	5.6%	3.9%	33.6%	31.6%	45.5%
2007	118.6%	12.3%	10.4%	6.5%	3.9%	20.1%	15.1%	47.5%

资料来源：CEIC数据库。

表4-4第（2）列和第（3）列分别是2001—2007年企业的投资与资产比和资产回报率[2]。从中可见，企业投资与资产比在2001—2004年逐年上升，但2005年出现了剧烈下降，2006年虽有所回升，但2007年又出现了小幅下降。而企业的资产回报率在2001—2007年逐年稳步上升，从6.2%

---

[1] 公司金融文献通常定义的资产回报率为企业净利润与资产之比，我们这里的定义除净利润之外还包含了企业折旧。
[2] 由于CEIC数据库相关变量没有2008年数据，因此这一年数值缺失。

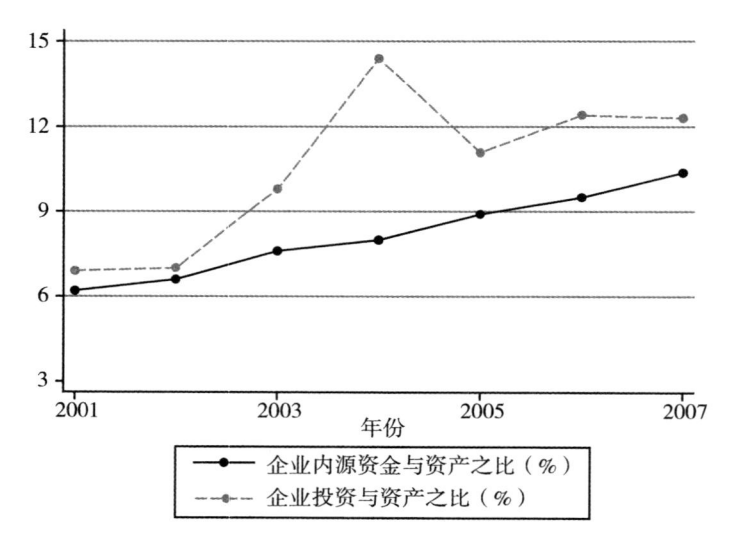

储蓄—投资视角的中国经常账户研究

图 4-5 工业企业的投资资产比与资产回报率

上升到了 10.4%。由于分红前的企业储蓄等于净利润和固定资产折旧之和，进一步的分解显示企业资产回报率的上升主要源于净利润的增加 [表 4-4 第（4）（5）列]。因此，在企业资产回报率不断上升的情况下，企业投资资产比却在 2005 年之后徘徊不前，这就导致企业部门的储蓄—投资缺口出现大幅上升（图 4-5）。这同时也说明，2005 年和 2007 年企业投资的下降不是因为企业储蓄的减少，而是由于企业投资的下降。

我们还计算了工业部门加总的资本形成年增长率以及固定资本形成和存货投资的年增长率 [表 4-4 第（6）—（8）列]。结果显示，2003 年和 2004 年资本形成增长率分别达到了60.4%和87.4%。但2005年，工业企业资本形成同比增长率为负数，其中存货投资和固定资本形成均为负增长。2007年，工业企业资本形成同比增长率也仅有20.1%，低于2006年和2003—2004年。本书认为，2005年和2007年企业投资下降的一个主要原因是政府实施的紧缩性宏观调控政策。2003—2004年中国出现了投资增速过快的现象，为了防止经济过热，中央政府从2003年下半年开始实施紧缩性的宏观调控政策，其中包括提高存款准备金率、存贷款基准利率、公开市场操作等一系列货币政策措施。由于宏观调控效果并没有立即显现，紧缩性政策一直持续到2004年下半年①。也正是由于宏观调控效果的时间迟滞效应，直到2005年企业资本形成才出现了下降。

无独有偶，2007年企业投资倾向下降的一个重要原因也是紧缩性宏观调控政策。2006年，中国再次出现了经济过热，相比于2004年的调控政策，这次紧缩性货币政策的实施更为猛烈。从2007年1月到12月，中国人民银行连续5次提高存贷款基准利率、连续10次提高存款准备金率，这一次猛烈的紧缩性货币政策比较快速地打压了企业投资，企业投资倾向在2007年出现了下降，2008年相比2007年又有微幅下降。

总结起来，我们发现，中国在2003年以来经常账户顺差

---

① 2004年4月25日，银行存款准备金率从7%提高到了7.5%。2004年10月29日，银行一年期存款基准利率从1.98%提高到了2.25%。

出现急剧增加，在一定程度上与这段期间的宏观调控政策导致的储蓄—投资失衡有关。宏观调控造成国内投资尤其是企业投资迅速下降，由于同期储蓄率仍在稳步上升，其结果在内部体现为储蓄—投资失衡，在外部体现为经常账户顺差扩大。

2. 不同类型企业的储蓄和投资倾向

近年来的文献指出，中国储蓄—投资失衡很大程度上归因于国内的金融系统不完善（参阅文献综述）。在居民部门和政府部门储蓄上升之时，企业原本会拥有更多的融资来源，但是金融体制不完善使储蓄无法有效转化为投资。这将体现在，在横截面上观察，不同类型企业的储蓄和投资行为会存在差异。由于中小企业难以获得外部融资，其投资很大程度上依赖内源融资（利润留存）①，因此中小企业储蓄会接近甚至大于投资。与中小企业相比，大企业更容易获得外部融资，其投资很大程度上由银行贷款支持，因此投资往往会大于储蓄。

结合以上分析，本小节试图从横截面的角度比较不同规模企业的投资和储蓄差异。我们使用2003—2007年中国工业企业数据库进行分析。② 与上一节类似，我们在分析企业储

---

① Guariglia 等（2011）、Song 等（2011）的研究都指出，在中国，很多中小型的民营企业因缺乏外部融资渠道，只能依靠内源融资。

② 中国工业企业数据库的统计对象是所有国有企业和销售收入在500万元以上的非国有企业。《中国统计年鉴》的工业部分正是基于此数据库编撰。这些企业的工业增加值构成了中国工业GDP的85%以上，没有进入样本的绝大多数为小型非国有企业（谢千里等，2008）。

第四章 国际金融危机前的中国经常账户

蓄与投资时，仍然使用资产对其进行标准化。①

我们将资产额在75%分位数以上的企业定义为大企业，将25%分位数以下的企业定义为小企业。表4-5报告了大企业和小企业在2003年和2007年两年的资产回报率和投资与资产比②，具体数值均是所有企业按照资产规模进行加权平均的结果。从中可见，小企业的资产回报率远远高于大企业，这反映了小企业的盈利能力更强。但是，小企业的投资与资产比却小于大企业。这也导致了，小企业的投资倾向远小于1，而大企业的投资倾向远大于1。从这个角度上看，小企业扮演了正的净储蓄者，而大企业扮演了负净储蓄者，阻碍储蓄向投资转化的一个重要原因是小企业无法获得银行贷款。

表4-5　不同类型企业储蓄和投资行为的差异

年份	资产回报率	投资与资产比	企业投资倾向（投资/储蓄）
大企业			
2003	6.7%	7.4%	110.3%
2007	8.8%	10.1%	115.4%
小企业			
2003	11.3%	3.2%	28.1%
2007	15.3%	6.4%	41.9%

---

① 为了防止极端值的干扰，我们进行如下数据处理：（1）删去规模以下（500万销售额以下）的企业；（2）删去储蓄数额、投资数额、资产回报率和企业投资与资产之比四个变量中在99%分位数以上、1%分位数以下的样本。

② 由于篇幅所限，我们并没有报告所有的年份，有兴趣的读者可以向我们索取。

3. 企业分红对企业储蓄的影响

国内企业分红较少，也常常被认为是造成企业储蓄过高的重要原因（樊纲等，2009）。根据资金流量表的数据，我们计算了企业分红占企业分红前储蓄的比例（见图4-6）。可见，2002年之前企业分红占企业分红前储蓄的比例处于较高的水平，但2002年之后出现了较大幅度的下降。尤其是2002—2004年，企业分红占企业分红前储蓄的比重下降了超过8.1个百分点，企业分红占总GNP的比重下降1.69个百分点。因此，2004年之后企业分红的下降确实起了推高企业储蓄、降低居民部分的可支配收入的作用。

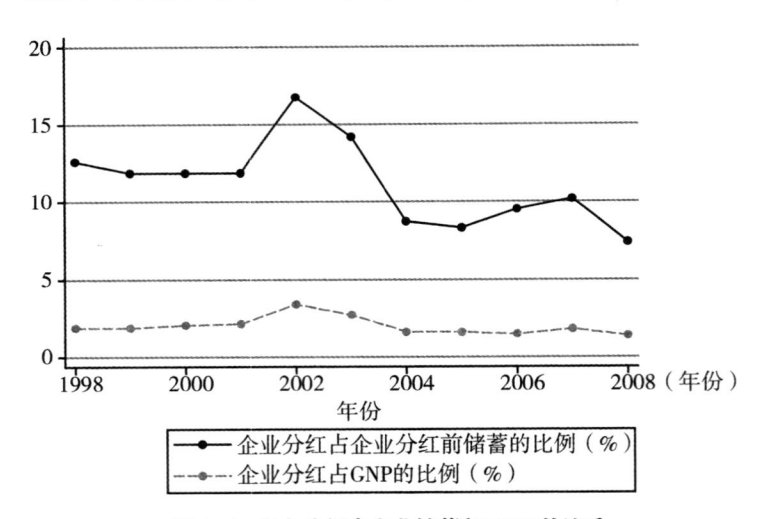

图4-6 企业分红占企业储蓄和GNP的比重

(四) 收入占比

国内的许多研究者都认为，初次收入分配格局的变化是导致国内储蓄率偏高的重要原因，从而诱发了储蓄—投资缺口的扩大。例如，国家发展改革委①指出，居民收入持续下降是导致多年来中国的消费低迷，储蓄偏高的原因。李扬和殷剑锋（2007）认为，从1992年至2003年期间，政府在国民收入分配格局中的比例上升，直接导致政府部门的储蓄率增加。但是，国民收入格局的变化会同时影响储蓄率和投资率，前述文献仅仅关注其中储蓄面，而未考虑投资面，显然是不充分的。以企业部门为例，企业的可支配收入全部用于储蓄，储蓄倾向达到100%。若仅考虑储蓄面，当资金从居民和政府部门流向企业部门，储蓄率必然增加。但是，企业是"净投资者"，其投资倾向远大于储蓄倾向，当资金流向企业部门时，投资率会以更大幅度增加，最终储蓄—投资缺口不仅不会增加，反而会降低。因此，在考察收入分配格局对经济失衡影响的时候，考察的对象应该是储蓄—投资缺口，而不仅仅是储蓄倾向或者投资倾向。

根据数据的计算可得，2002—2008年，中国居民部门的"储蓄—投资"缺口占其收入的比重在10.69%—16.21%，企业部门的"储蓄—投资"缺口占其收入的比重在-98.38%—-47.93%，政府部门的"储蓄—投资"缺口占其

---

① 国家发展改革委：《2006年中国居民收入分配年度报告》。

收入的比重在-1.54%—21.83%①。总体而言，居民部门的"储蓄—投资"缺口最高，其次是政府部门，最低是企业部门。因此，三部门收入分配格局变化的结果应该遵循如下规则：（1）如果居民收入占比上升，企业和政府收入占比下降，其结果应该是中国经济的储蓄—投资缺口进一步增加，而不是减少；（2）如果企业收入占比相对于居民和政府上升，其结果必然是储蓄—投资缺口下降；（3）如果政府收入占比相对于居民和企业上升，其结果是不确定的，取决于这部分收入究竟来自居民还是企业，若是前者则顺差缩小，反之则顺差扩大。三者加总在一起，中国的收入分配格局变化对经济失衡的影响是不明确的。

为了更清楚地看出这一点，不妨利用反事实的方法，假设2003—2008年的三部门收入格局仍然保持2002年的水平，

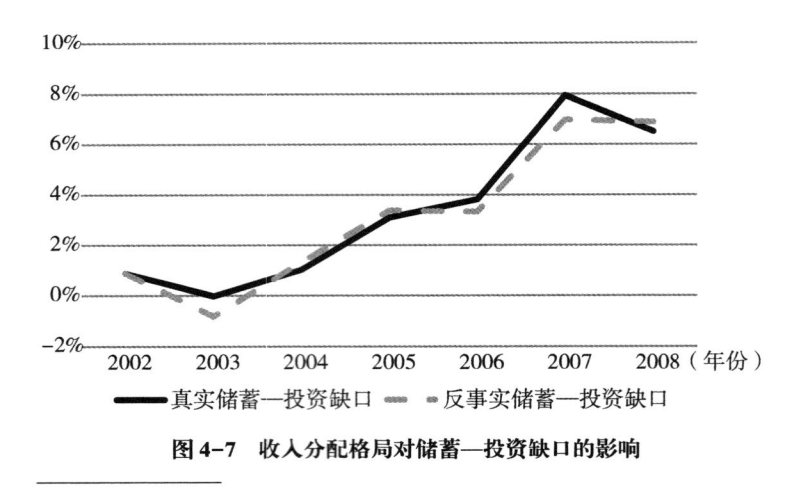

图4-7 收入分配格局对储蓄—投资缺口的影响

① 使用改进方法二计算得到。

第四章　国际金融危机前的中国经常账户

可以计算出收入分配格局不变时的储蓄—投资缺口变化（图4-7）。不难看出，大约在一半的时间段（2003年、2006年和2007年），收入分配格局的变化使得顺差扩大，但是在另一半的时间段（2004年、2005年和2008年），收入分配格局的变化反而造成了顺差的缩小。因此，收入分配格局对中国储蓄—投资缺口的影响是不明确的，这一结果与前面的分析完全一致。

当然，前面的分析结果建立在三部门的收入分配格局与各部门储蓄—投资缺口的变化之间相互独立的假设基础上。事实上，在收入分配格局发生变化时，各部门的储蓄倾向和投资倾向显然也会发生变化。但是，即便是考虑这一点，也并不会带来本部分结论的变化。第一，由于平均储蓄倾向随收入递增，居民部门收入下降会带来居民储蓄率的减少，考虑到居民投资倾向相对较为平稳，居民部门的储蓄—投资缺口会下降。第二，企业部门的收入增加时，企业部门的储蓄率显然增加（因为企业部门没有消费），但是企业投资倾向通常也会增加（也有可能下降）①，因而投资率增加，最终对企业部门储蓄—投资缺口的影响也是不确定的。第三，政府的储蓄倾向和投资倾向变化通常取决于特定的政策目标和政府功能，与政府当年的收入高低关系并不紧密。所以，即便是考虑到三部门收入分配格局变化对各部门储蓄倾向和投资

---

① 如果经济运行在高涨时期，企业家预期到经济泡沫即将破灭，可能会有意识地减少投资，在手中持有更多的现金。

· 99 ·

倾向的影响，最终也很难说明中国的经济失衡是由于收入分配格局变化所致。

总结而言，本章系统地回顾了 2008 年国际金融危机前中国经常账户顺差的演变过程，发现经常账户余额的变化既存在长期趋势性因素，也存在短期波动因素。（1）从趋势上看，中国的经常账户顺差自 2002 年到 2008 年持续上升，主要是居民和政府的储蓄增加所致。（2）从波动上看，中国的经常账户顺差分别在 2005 年和 2007 年经历了两次快速的上升，两次变化原因略有差异，但本质上都与经济周期景气、政府的宏观调控造成的企业和政府的投资率下降密切相关。

进一步的研究发现，居民储蓄率的上升主要来自城镇部门，其背后的原因是在特定制度背景下，城镇部门存在诸多不确定性以及流动性约束，此时居民部门人口结构变化以及收入迅速增加，不可避免会导致储蓄率增加，且高收入人群的储蓄增加速度远远快于低收入人群。企业的投资率的波动会造成中国经济失衡的短期变化，这更多地反映着宏观经济的景气波动以及政府宏观调控的作用，但是国内现有的金融抑制以及"不分红"倾向，也是造成投资倾向偏低的重要原因。政府的储蓄率上升主要是政府的财政盈余好转、社保净收入的增加以及土地出让金增加所致，政府投资率变化也与政府利用财政政策进行的宏观调控密切相关。尽管许多学者认为国内初次收入分配会导致中国经济的储蓄—投资失衡，但是本章最后的反事实模拟的结果并不支持这一结论。

第五章
国际金融危机后的中国经常账户

第五章　国际金融危机后的中国经常账户

一　典型事实

在国际金融危机之后，中国的经常账户出现了快速的下降，随后步入了一个调整期，并在之后又出现了几年的缓慢下降，其占 GDP 的规模再也没有回到国际金融危机之前的高位。本章关注国际金融危机爆发之后的中国经常账户走势以及其分部门的特征，从内部视角分析经常账户出现上述调整的原因。本节将首先从加总的视角观察和总结中国储蓄率和投资率在国际金融危机之后发生的变化，以及对应的经常账户走势的变化，随后一节将分时期和部门解释发生这种变化的原因。

图 5-1 展示了 2007 年至 2020 年中国经常账户余额的演变。正如从上一章国际金融危机前中国经常账户走势的典型事实中所观察到的，中国经常账户占 GDP 比重的高点出现在 2007 年，此后出现逆转。国际金融危机之后，经常账户的变化大致可以分为两个时期：第一个时期对应金融危机后的前四年，当时经常账户余额占 GDP 的比例从 2008 年的 9.2% 急剧下降到 2011 年的 1.8%。2010 年后，经过几年的稳定和小幅波动之后，经常账户余额在 2015 年至 2018 年进一步下降，占 GDP 的比重持续下降至 0.4%，这是第二个时期。在 2019 年，中国的经常账户余额占比出现小幅回升，新冠疫情出现后的 2020 年，中国的经常账户余额有了进一步的回升，达到

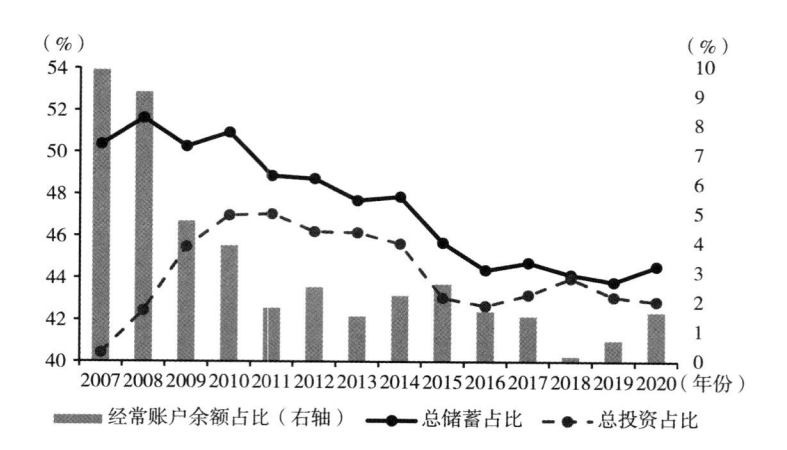

储蓄—投资视角的中国经常账户研究

图 5-1　中国的经常账户、总储蓄、总投资占 GDP 比重的走势
资料来源：IMF WEO 数据库（2022 年 10 月版）。

1.7%。本章将主要讨论国际金融危机后中国经常账户出现的两阶段下降，而将新冠疫情后的走势留待下一章的展望部分进行探讨。

为分析国际金融危机后经常账户变动的内部驱动因素，图 5-1 展示了总储蓄占比和总投资占比在两个时期的走势情况。对于第一个时期顺差的快速下降，投资水平激增显然是关键因素。从 2007 年到 2010 年，中国的总投资占 GDP 的比重从 40.4% 上升到 47.0%，直到 2011 年一直保持在较高水平。与此同时，储蓄率则相对稳定，自 2010 年以来甚至有所下降。第二个时期，中国储蓄率呈下降趋势，从最高的 50.9% 逐步下降到 44.1%。换而言之，储蓄率下降使其在覆盖投资之后的净储蓄规模下降。与此同时，总投资占比也从

47.0%的峰值下降至44.2%，这使得第二个时期经常账户比率的下降是较为缓和的。

储蓄和投资变化特征展示了金融危机后中国经常账户演变的整体图景。储蓄和投资占比的变动均带来了经常账户余额的下降，但在2007—2010年和2010年后这两个不同的时期，企业以及居民和政府的储蓄及投资行为发挥了不同的作用。

为了更好地理解经常账户变动背后的经济因素，表3-3和表3-4展示了基于部门储蓄和投资倾向以及收入占比的情况，结合表3-5使用LMDI I方法进行的IDA分析，以此确定在2007—2010年以及2010年后经常账户变动的驱动因素。在第一个时期，中国的经常账户顺差占GDP的比重下降了约6个百分点（图5-1），IDA分析得出的结论表明，这一时期经常账户顺差的减少主要是由企业部门的投资倾向以及企业部门的收入占比（对储蓄）两项所主导。其中，企业投资倾向的上升大概贡献了这一时期经常账户变动的一半，而企业部门的收入占比（对储蓄）的贡献大约为这一时期经常账户变动的一倍，反映出企业部门的储蓄下降主要由收入下降带来。第二个时期，经常账户下降了超过2个百分点，我们的分析表明，家庭储蓄倾向、政府储蓄倾向和政府投资倾向是这一时期主导经常账户变动的三个主要因素。家庭储蓄倾向下降贡献了经常账户余额变动的三分之一，而政府储蓄和投资的倾向也贡献了相似的规模。总体而言，根据各部门储蓄投资情况以及进行的贡献度分解分析，企业部门在第一个时期发挥了更大的作用,而家庭和政府部门在第二个时期则更为重要。接下来的分部门特征分析将首先分析企业部门,主要分析其在第一个时期的作用,随后分别分析居民和政府部门,主要侧重于它们对于第二个时期经常账户走势的影响。

二 分部门特征

(一) 企业部门

在国际金融危机后经常账户变动的第一个时期,最显著的特征是非金融企业部门的净储蓄率(储蓄率-投资率)从-11.1%急剧下降到-18.9%,特别是在2008年至2009年期间,下滑尤为显著。这一情形的出现不难理解:由于国际金融危机的冲击,企业部门的利润出现了较大下滑,利润下滑带来企业部门储蓄的减少。事实上,在第一个时期,企业部门储蓄率从2008年的18.8%下降到2011年的12.7%。除了企业储蓄的较大幅度调整,企业投资也有显著增加,特别是在国际金融危机爆发的前两年,企业部门的投资率从28.6%迅速上升到32.8%。在金融危机冲击最大的时期,企业投资却出现了迅速上升,这一情形与一般的理论模型预测相矛盾,一般而言,负生产率或需求冲击会降低企业利润并减少企业投资。这一现象的出现与当时政府应对国际金融危机所实施的干预措施密切相关。

为应对国际金融危机对国内经济增长的冲击,中国于

第五章　国际金融危机后的中国经常账户

2008年11月起推出了一系列扩大内需、促进经济平稳快速增长的措施，投资总规模接近4万亿元，因此又被称为"4万亿元投资计划"。该项计划的目标不仅仅是投资，还包括配套的货币政策和财政政策。从企业的储蓄率和投资率的变动情况来看，国际金融危机后的经济刺激计划在其中扮演了重要角色。在4万亿元投资计划出台的背景下，外部融资成本下降，融资变得相对容易。因此，与储蓄率下降和投资率上升互为镜像的是，企业的杠杆率水平上升。2008—2010年，国有企业的债务资产比从60%上升至63%，其中工业企业的债务资产比从58%上升至60%。私营工业企业的债务资产比也有较大幅度的上升，从2008年的31%上升至2009年的37%，2010年回落至34%。从跨部门的比较来看，4万亿元投资计划的出台对企业部门的杠杆率影响也是最大的。2008—2010年，企业、居民和政府部门的杠杆率（债务与GDP之比）的快速上升主要出现在2009年，这一年，企业的债务与GDP之比相较上一年上升了23.8个百分点，而居民和政府部门则分别上升了5.6个百分点和7.4个百分点。

中国宽松政策和美欧等发达经济体所实施的量化宽松政策有着较大的不同之处：在美国和欧盟，中央银行通过购买政府债券等资产方式来支持市场流动性并降低利率，从而缓解了企业的融资约束。但在中国，中国人民银行以中期贷款便利（MLF）和常备贷款便利（SLF）等形式向银行间市场注入资金来改善流动性环境，政府通过地方政府融资平台等方式开展基础设施投资。4万亿元投资计划的总体方向是正确的，对外部环境遭遇大规模冲击时的中国经济起到了重要的支持作用。但投资计划的实施也使得企业投资迅速增加，尽管同期企业的盈利能力速度很慢。这导致了企业部门杠杆率的高企、投资的效率下降和后续偿债压力的上升。因此，从2008年到2012年，尽管企业部门利润普遍恶化，企业收入占国民总收入的比例从18.8%下降到12.0%，但中国的企业投资倾向（定义为投资占企业收入的百分比）从161.3%飙升至263.2%（表3-4）。按行业划分的固定资本投资增长进一步细分显示，制造业、基础设施和房地产的投资增速很高（图5-2）。

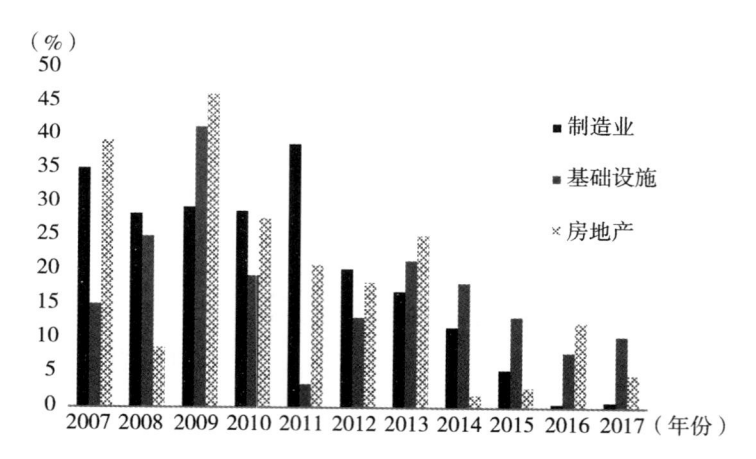

图5-2　制造业、基础设施和房地产部门的投资增速

注：数据是以资金来源核算的城镇固定资产投资。对于基础设施部门的投资测算加总了包括电力、燃气、水的生产和供应业，交通运输业，水利、环境和公共设施管理业。

资料来源：Wind。

第一个阶段政策驱动型投资高点并没有持续下去,下行压力来自经济增长率的下降以及政府退出宽松政策。从2010年到2015年,企业投资从31.5%稳步下降到29.3%,企业因素在经常账户变动的第二阶段作用显著减弱。在经常账户第二阶段较为缓和的收窄中,储蓄率的作用显著上升。家户和政府的储蓄率自2010年来开始下降,这带来了经常账户余额较为稳定而缓和的向下调整。接下来的一节将详细讨论居民部门和储蓄部门在第二阶段的储蓄率变化。

(二) 居民部门

从国际金融危机之后居民部门的特征来看,居民部门在起初并不是经常账户顺差下降的主要原因。居民部门的储蓄在金融危机爆发时期呈现上升态势,与经常账户的走势呈现相反的态势。居民部门储蓄占GDP的比重在2010年达到峰值(近45%),随后开始下降到2016年的不到39%。从投资端来看,居民投资——特别是房地产投资的波动很大。

居民部门储蓄率下降的主要驱动力是可支配收入增长的放缓。在国际金融危机后,居民可支配收入的增速从2008年的18.9%放缓至2009年的11.7%。尽管在宽松政策的支持下,2010年和2011年居民部门可支配收入增速迅速上升,达到18.5%和20.2%(图5-3),但随着刺激效应的消退,居民可支配收入增长在2013年后进入下降趋势,2015年的居民的可支配收入增速仅为7.3%。在这一时期，不仅居民收入放缓了，居民的储蓄倾向也出现了较为显著的下降。居民储蓄倾向在2010年达到近45%的峰值，然后开始逐年下降，一直下降到2016年的38.7%。

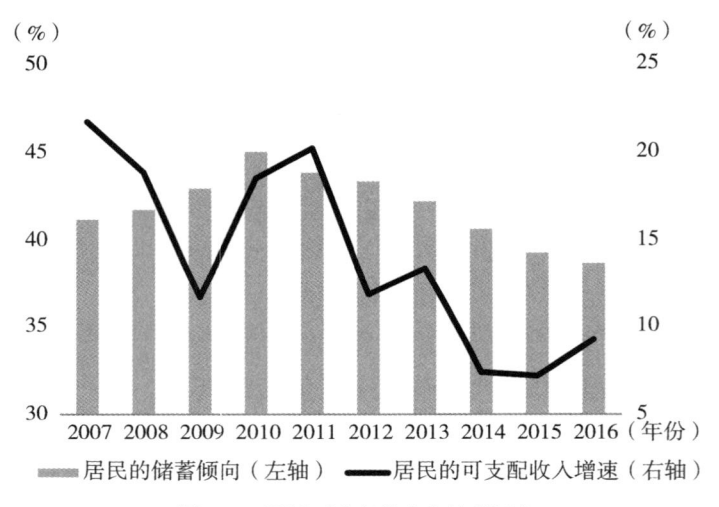

图5-3 居民可支配收入和储蓄倾向

资料来源：CEIC，笔者计算。

家庭部门储蓄率的下降也与中国经济的结构转型和消费对经济的贡献增加有关。从三大最终需求对GDP的贡献比重来看，2013年以来消费超过投资，成为GDP增长的主要贡献力量，贡献率持续上升，从2013年的49.2%上升到2018年的77.6%。消费的上升与中国人均收入的增长、结构转型和消费信贷的发展密切相关。

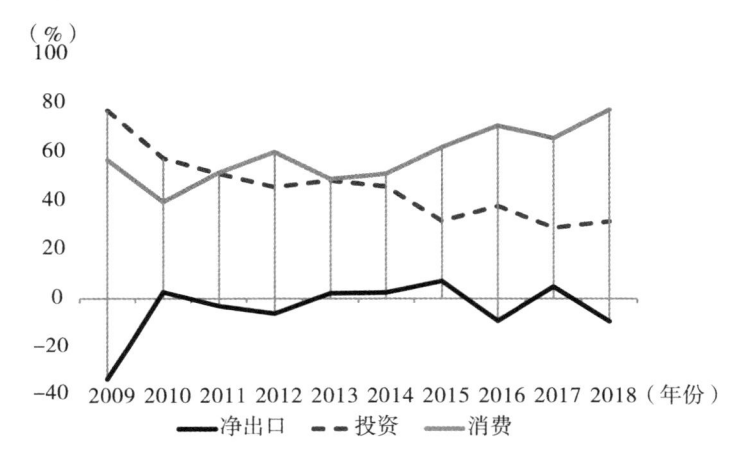

图 5-4　2009—2018 年中国三大最终需求对 GDP 增长的贡献

资料来源：CEIC。

除了上述因素，人口结构、杠杆率、社保体制等因素也是影响居民部门储蓄率走势的重要因素，我们认为这些因素较为适合做一个危机前后的比较分析，因此将其留待下一章进行细致的讨论。

（三）政府部门

2012 年，政府部门净储蓄占 GDP 的比例为 1.7%，但此后开始下降，2014 年下降至 0.7%，随后在 2016 年转为负值，至 -2.8%。政府部门的净储蓄下降主要是由政府储蓄的下降带来，政府部门储蓄占 GDP 的比例从 2010 年的 5.6% 降至 2016 年的 3.7%。

为了更好地分析政府储蓄的下降趋势，本节使用中央财政预算的"四本账",分析政府预算明细,从而分析政府储蓄下降的驱动因素。详细的分解结果如表5-1所示。在政府的四个预算账户中有两个账户的余额大幅下降。

首先是一般公共预算账户。一般公共预算账户是四个账户中最大的组成部分,占财政总收入的约66%。如第(2)栏所示,2007年中国的一般公共预算余额为正值,约占GDP的0.6%,但在危机后的2008年和2009年迅速恶化,随后其占比持续徘徊在-2%至-1%左右,预算赤字在2015年后急剧扩大至-3%以下。第二个重要因素是政府性基金账户。在金融危机后的四年中,有三年超过了GDP的0.5%,但随后逐渐收窄至0.1%以下,甚至在2016年为负值。不过,由于政府性基金账户的余额比一般公共预算账户的余额要小得多,它对政府净储蓄的整体变化影响也小得多。政府储蓄账户的另外两个账户,即社会保险基金预算余额和国有资本经营预算余额则一直在波动,在危机后似乎没有显示出特别的变化趋势。

表5-1 政府赤字占国内生产总值的百分比 单位:%

年份	政府储蓄投资缺口/GDP	财政余额/GDP	一般公共预算余额/GDP	社保基金预算余额/GDP	政府性基金余额/GDP	国有资本经营预算余额/GDP
	(0)	(1)	(2)	(3)	(4)	(5)
2007	3.2	2.2	0.6	1.1	0.56	
2008	1.8	1.0	-0.4	1.2	0.21	
2009	0.6	-0.5	-2.3	1.1	0.65	

续表

年份	政府储蓄投资缺口/GDP	财政余额/GDP	一般公共预算余额/GDP	社保基金预算余额/GDP	政府性基金余额/GDP	国有资本经营预算余额/GDP
	(0)	(1)	(2)	(3)	(4)	(5)
2010	1.5	0.1	-1.7	1.1	0.71	0
2011	1.8	0.5	-1.1	1.4	0.30	-0.01
2012	1.2	0.0	-1.7	1.4	0.23	0.01
2013	0.8	-0.3	-1.9	1.2	0.30	0.01
2014	0.7	-0.3	-1.8	1.1	0.42	-0.04
2015	-0.9	-2.5	-3.4	1.0	0.00	0.04
2016	-2.8	-3.5	-3.8	0.9	-0.03	-0.01
2017		-3.4	-3.7	1.2	0.06	-0.01

资料来源：各年《中国统计年鉴》。

从2007年到2017年，政府投资也大幅波动，但在此期间似乎没有明确的、结构性的方向。事实上，政府投资的波动似乎更多地表明了中国政府支持经济增长的逆周期调节政策。例如，2009年和2010年的投资是扩张性的，以应对国际金融危机。然而，随着经济的稳定，该政策随后就退出了，政府投资保持在GDP的5%以下。2014年，由于经济放缓迹象再度出现，政府投资占GDP的比重上升至6%以上，这是自2000年以来的新高。因此，政府投资的变动在很大程度上发挥了平抑周期性波动的功能。

在下面的专栏中，我们基于结构性向量自回归模型，通过控制经济周期对财政政策的内生性冲击，识别财政政策对经常账户的影响。实证研究的结果表明，扩张型的财政政策会带来经常账户余额的下降。我们还分析了各部门之间的互动关系，中国的财政赤字扩张会带来家户和企业的储蓄增加以及全社会固定资产投资下降，从而在一定程度上抵消掉财政赤字扩张对经常账户赤字的冲击。通过甄别税收和财政支出两种不同的财政政策模式，我们发现"双赤字效应"在政府采用税收政策的时候更加明显，在财政支出调整的情况下则并不显著。

专栏5-1 财政政策对经常账户余额的影响分析

我们采用Sims（1980）[①]提出的向量自回归（Vector Autoregression）模型研究财政冲击对经常账户与汇率的影响。模型变量和排序为：实际GDP（GDP）、一般公共预算余额占GDP比例（GOV）、经常账户余额占GDP比例（CA）、M2、人民币实际有效汇率（REER，取对数处理），采用滚动年度加总方法以避免季节性因素的影响。模型设定如下：

$$Ay_t = \sum_{i=1}^{k} C_1 y_{t-k} + Bu_t$$

其中，$y_t = (GDP_t, GOV_t, CA_t, M2_t, REER_t)'$，$E(u_t u_t') = I$。按照我们的假设，当期的 GOV、CA、M2 和 REER 内

[①] Sims C. A., 1980, "Macroeconomics and Reality", Econometrica, Vol. 48(1), pp. 1–48.

第五章　国际金融危机后的中国经常账户

生于当期的 GDP，而其他变量会造成滞后一期的影响，因此矩阵 A 和矩阵 B 的设定如下：

$$A = \begin{bmatrix} 1 & 0 & 0 & 0 & 0 \\ . & 1 & 0 & 0 & 0 \\ . & 0 & 1 & 0 & 0 \\ . & 0 & 0 & 1 & 0 \\ . & 0 & 0 & 0 & 1 \end{bmatrix}, B = \begin{bmatrix} . & 0 & 0 & 0 & 0 \\ 0 & . & 0 & 0 & 0 \\ 0 & 0 & . & 0 & 0 \\ 0 & 0 & 0 & . & 0 \\ 0 & 0 & 0 & 0 & . \end{bmatrix}$$

其中，"."是需要估计的系数。

回归分析的样本期间是 1998 年第 1 季度到 2019 年第 1 季度。模型的设定包括常数，对 t 统计量和 F 统计量进行小样本调整，采用最高 8 阶滞后来进行最优滞后阶数检验。基准回归中，FPE、AIC、HQIC、SBIC 四种检验均支持 5 个季度的滞后阶数。因此，我们采用滞后五阶来进行后续的估计以及未来 10 期的脉冲相应分析。遵循 Kim 和 Roubini（2008）等结构 VAR 模型估计结果的惯例，脉冲响应图中的置信区间设定为 68%。

专图 5-1 显示了中国的财政冲击对于经常账户余额的影响。一个标准差的财政余额冲击会带来经常账户余额的明显调整，且这种调整会随着时间推移不断增强。这一结论与理论研究中财政作用主导其余两个部门（家户和企业部门）的基本判断是一致的，即所谓的"双赤字理论"——财政政策扩张（即财政盈余下降或者财政赤字增加）将在经常账户赤字增加或者盈余减少。第 7 期以后，这种效应逐渐有所收缩，但是仍然是统计上显著的。

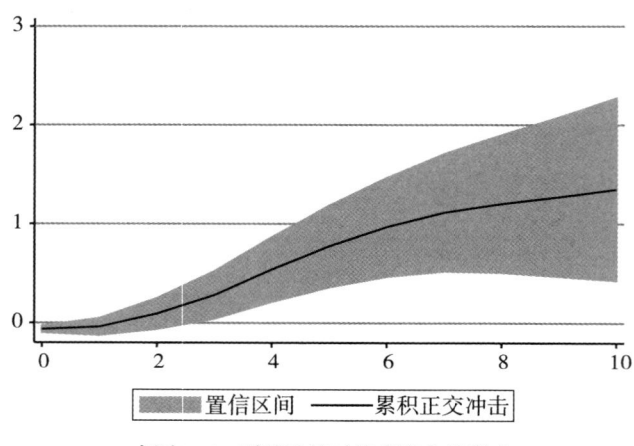

专图 5-1 财政政策对经常账户的影响

接下来分别用居民储蓄、企业储蓄和投资代替原来回归中的经常账户余额进行结构 VAR 分析，以更好地分析财政政策作用于经常账户下居民和企业部门储蓄投资行为的机制。模型的设定与基准回归类似，但是因为样本变化，我们将针对新的设定重新进行最优阶数选择。在大部分的设定中，模型依旧支持 5 阶滞后为最优选择。

首先看居民部门的储蓄，采用人均储蓄倾向来度量。具体而言，我们首先运用统计局公布的城镇部门人均可支配收入减去城镇部门人均消费的季度数据（2003 年第 1 季度至 2019 年第 1 季度），然后再除以人均可支配收入。考察人均储蓄倾向，有助于甄别财政冲击下家庭个体的反应。回归的结果参见专图 5-2。一个单位标准差的财政余额的正交冲击会在短期内挤出居民储蓄，虽然这个效应在第 2 季度以后暂时性减弱，但是在第 4 个季度以后又开始逐渐增强。从长期来看，这一结果基本吻合李嘉图等价的结论，即居民储蓄与政府储蓄之间存在着此消彼长的关系。换言之，当政府扩大财政赤字（例如，增加政府支出）以后，家户会预期到未来政府的提高税收以平衡财政收支，从而减少当前的居民消费，进而储蓄倾向提高。

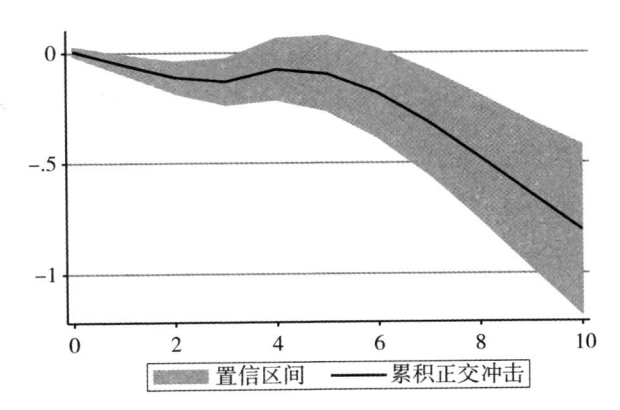

专图 5-2 财政冲击对居民储蓄倾向的影响

接下来，我们探讨企业储蓄。遵循 Bayoumi 等（2013）的方法，同时考虑中国工业最新数据的可得性，我们利用统计局公布的工业企业部门的季度税后利润占总资产的比重加以度量，数据覆盖 2001 年第 1 季度至 2019 年第 4 季度）。回归的结果参见专图 5-3。结果显示，财政余额扩张对于企业储蓄也有一定的替代作用，即政府的财政盈余增加会带来企业储蓄的减少，并且这一效应会随着时间推移而不断加强。这一点与前面针对家庭储蓄的结论，共同支撑了李嘉图等价在中国经济一定程度的适用性。

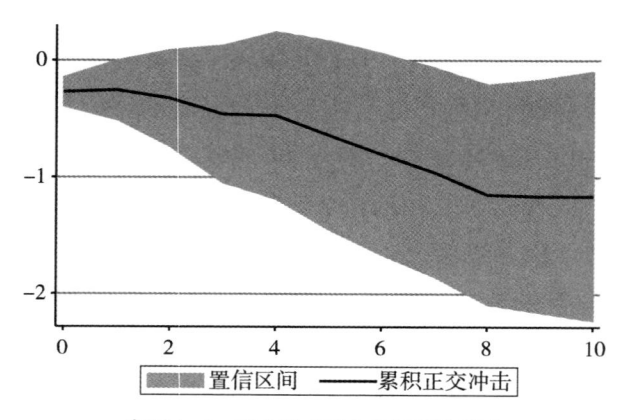

专图 5-3　财政冲击对企业储蓄的影响

然后我们来分析财政政策对于投资的冲击。我们运用固定资本投资占 GDP 的比例度量中国投资的总体影响，样本区间仍然是 1998 年第 1 季度至 2019 年第 1 季度。结果列在专图 5-4。可以看出，一个标准差的财政余额增加会带来固定资产投资增加，并且其造成的累积效应会随时间不断增强。这就意味着，如果考虑中国的扩张性财政政策（即财政赤字增加），那么会在一定程度上挤出全社会固定资产投资。这一点，与凯恩斯理论和新古典模型的预测都是一致的。

最后，我们试图甄别两种不同类型的财政政策——税收政策与政府支出政策带来的可能差别。理论上，减税和政府

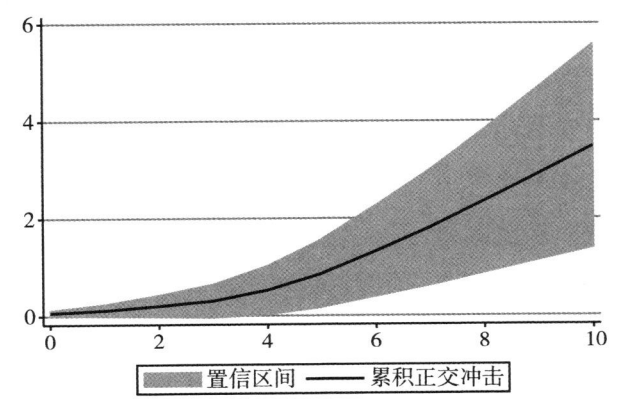

第五章 国际金融危机后的中国经常账户

专图 5-4 财政冲击对固定资产投资的影响

支出扩大都会带来政府赤字扩张，但是二者对居民和企业的储蓄投资行为的影响却是不同的。减税有助于刺激企业投资，从而提高企业生产率，从企业投资和储蓄两端对经常账户产生影响；财政支出的增加却更容易挤出私人投资或增加私人储蓄，继而影响跨部门的储蓄投资行为。

根据专图 5-5 的左图，税收增长在短期内会明显地带来经常账户盈余增加，也即是说，减税会在短期内扩大经常账户赤字，这吻合"双赤字"理论的预期。Baxter（1995）将税收冲击分为持久性和暂时性的冲击，持久性冲击将带来经常账户的恶化，因为这一冲击带来的持续投资增长效应将超出储蓄增长效应，而在暂时性冲击中，投资增长效应不及储蓄增长效应，经常账户将呈反向变化。中国的情况较为符合持久性税收冲击的影响，这实质上反映出中国的减税效果是

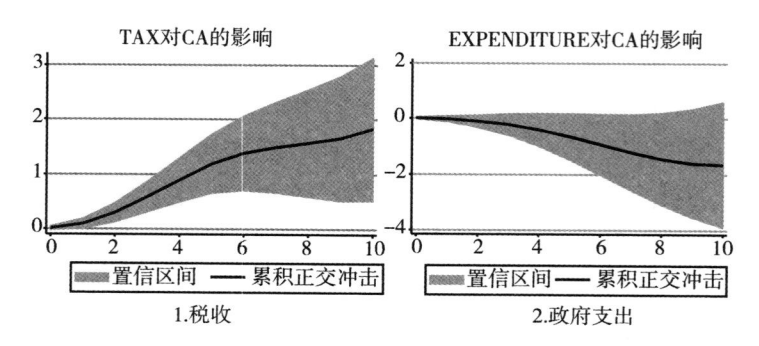

专图5-5 税收和政府支出对经常账户的影响

可信的、持续的。专图 5-5 的右图展示了财政支出增加对 CA 的影响。结果表明：虽然政府支出对于经常账户的效应为负，但是统计上不显著。造成这一现象的另一原因，主要是政府支出与私人投资之间的替代关系，即前文所分析的公共开支的"挤出效应"，造成私人投资在政府投资的影响下减少，从而对经常账户的最终效应是统计上不显著的。

第六章
总结与展望

第六章 总结与展望

一 国际金融危机前后的经常账户有何不同

本书的第四章和第五章分别分析了国际金融危机前后的中国经常账户，从储蓄—投资的内部视角剖析了中国经常账户变动的原因。不难看出，在国际金融危机前后，驱动中国经常账户余额变动的因素发生了诸多变化。回到本书的文献综述部分，已有理论对中国经常账户的演变做出了诸多解释——特别是在中国经常账户水平高企之时，但是这些理论在国际金融危机之后是否仍然可以用于解释中国经常账户已经下降的事实？中国经常账户的新格局与现有理论是否匹配？本章作为本书的总结章节，希望从这个视角展开讨论和分析。以下仍然分居民部门、企业部门和政府部门展开理论分析。

（一）居民部门

国际金融危机后中国经济最显著的特点是经济增长的结构性放缓。但仅凭增长放缓似乎不足以解释此后居民部门储蓄率的下降，因为在传统的无限期界模型下，对经济增长持续放缓的预期对储蓄率的影响较小。在无限期界模型的基础上，世代交叠模型可能会产生一些影响，但还是需要进一步找到其他结构性的因素来观察储蓄率的转变。

正如前文综述中所言，人口因素是用来解释储蓄率下降的结构性因素变量。但是从国际金融危机之后中国经常账户的情况来看,这一因素的解释似乎较难成立。此前,对于中国经常账户顺差的讨论很大程度上集中于对于中国人口特征的讨论,重点的指标包括人口年龄结构变化、性别失衡、对老龄化的预期和习惯的形成等。虽然这些指标均带有长期性的特征,其变化也是缓慢的,但是在过去的十余年间,上述指标也发生了一些潜移默化的变化,因此,我们可以看一下它们的变化趋势,并分析这些变化对于储蓄率的影响。我们选取了少年抚养比、老年抚养比、预期寿命和性别比等多项人口指标,总结了国际金融危机前后的动向(表6-1)。(1)少年抚养比反映的是年龄在0—14岁的年轻人口与年龄为15—64岁的工作年龄人口之比,该项指标越高,反映年轻人的占比越高,一般而言,储蓄率将越低。从具体的数据来看,2007年时,中国的少年抚养比为0.27,2017年时,少年抚养比下降至0.23,年轻人的占比下降,从这个视角出发,这意味着储蓄率的上升。(2)老年抚养比测算的是年龄在65岁以上的老年人口与年龄在15—64岁的工作年龄人口的比值,该项比值越高则意味着人口中老龄人口的比重越高,从静态模型的角度出发,老龄人口越高意味着储蓄率越低。但是正如我们在金融危机前的讨论,这一情况在中国似乎不成立,因为中国的老龄人口倾向于更多的储蓄,现在的国际比较分析也倾向于认为老年抚养比上升和预期寿命上升也会带来老年人口储蓄率的上升。老年抚养比从2007年的0.11上升至2018年的0.16,如果从静态模型的角度出发,这意味着储蓄率的下降，不过如果从中国的情况和国际比较分析的视角来看，老年抚养比的上升实际上带来了储蓄率的上升。（3）预期寿命越高意味着储蓄率越高，中国的预期寿命从2005年的约73岁提升至2015年的约76岁，预期寿命的上升意味着储蓄率的上升。（4）从性别比的角度来看，20—39岁的男性人口和女性人口的性别比从2007年的0.97上升至2017年的1.05，性别比越高，意味着在婚姻市场上男性面临的竞争会更加激烈，从而较有激励通过积累更多的储蓄来提升竞争力，这也是在国际金融危机之前用于解释经常账户顺差的重要指标，如果这一理论在金融危机之后仍然成立，则储蓄率也将进一步提升。

表6-1　　中国主要人口因素及其对家庭储蓄的影响

结构因素	定义	2007年或见括号	2017年或见括号	趋势	对家庭储蓄的影响
少年抚养比	0—14岁人口/15—64岁人口	0.27	0.23	下降	增加
老年抚养比	65岁以上人口/15—64岁人口	0.11	0.16（2018年）	上升	总体减少，但它可能会在中国增加
预期寿命	平均预期寿命	72.95（2005年）	76.34（2015年）	上升	增加
性别比	20—39岁的男性人口/20—39岁的女性人口	0.97	1.05	上升	增加

资料来源：Wind，笔者计算。

从上述讨论中不难看出，国际金融危机前对于经常账户的讨论中涉及了较多人口结构的静态和动态因素，如果追踪这些指标在危机之后的变化，则可以发现多数指标的变化均指向居民部门储蓄率的上升而非下降，但在现实中我们却看到了居民部门储蓄率的下降。因此，基于上述人口结构的理论似乎较难用于解释国际金融危机之后的经常账户变动。

对家庭消费和储蓄行为的解释还有一派流行的观点是从杠杆率的视角出发。Dynan 等（2012）[1] 展示了美国在次贷危机之后与高债务相关的消费减少的证据。不过，这一解释运用到中国似乎也难以成立。从 2007 年到 2017 年，中国家庭债务与 GDP 之比从 18.8% 迅速飙升至 48.7%（图 6-1），

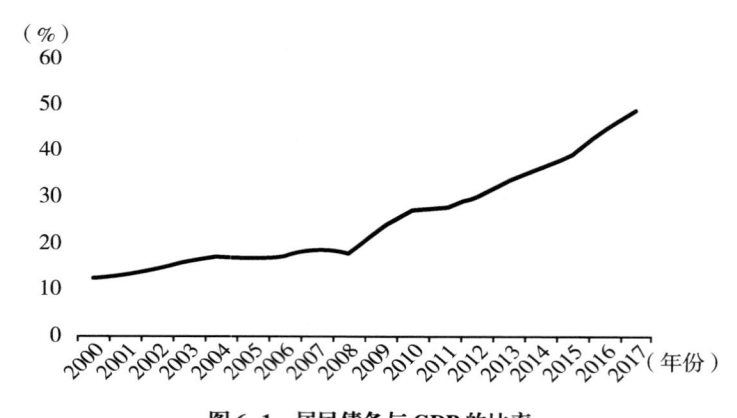

图 6-1　居民债务与 GDP 的比率

资料来源：Wind。

---

[1] Dynan, Karen, Atif Mian and Karen Pence. (2012). Is a Household Debt Overhang Holding Back Consumption?. Brookings Papers on Economic Activity. 299-362.

在较高的债务水平之下,应该观察到消费的减少从而提高储蓄率,但现实仍然相反。对其的解释很可能是债务积累是储蓄率变化的结果而非原因:居民部门通过各类金融服务实现了更高的消费水平,从而带来了居民部门债务水平的上升。

另一种较有说服力的解释是社会保障制度的作用。社会保障制度为居民提供了政府层级的社会保障安全网,从而有助于降低因为预期不确定性而进行的个人层面的预防性储蓄。2007 年,中国的养老保险制度主要覆盖 2.01 亿城镇人口,没有保障农村地区。然而,随着城市化进程的加快,城市地区的覆盖人口扩大至 4.03 亿,同时,新型农村社会养老保险制度建立,为 5.13 亿农村居民提供服务(2017 年数,见表 6-2)。此外,基本医疗保险参保人数从 2007 年的 2.23 亿人增加到 2017 年的 11.77 亿人,翻了两番多,覆盖率从 16%提高到 84%。更高的社会保障体系覆盖率降低了未来的不确定性,从而降低了居民进行预防性储蓄的动力。从我们目前所掌握的文献信息来看,相关文献尚没有定量分析从全局和整体的角度来评估金融危机后中国社会保障覆盖面的增加在多大程度上降低了家庭储蓄率,但毫无疑问,这是一个重要的驱动因素。

表 6-2　　　　　　　参加社会保险的人数　　　　　单位:百万人

年份	基本养老保险参保人员	城市基本养老保险参保人员	农村基本养老保险参保人员	基本医疗保险参保人员
2007	201	201	0	223

续表

年份	基本养老保险参保人员	城市基本养老保险参保人员	农村基本养老保险参保人员	基本医疗保险参保人员
2008	219	219	0	318
2009	235	235	0	401
2010	360	257	103	433
2011	616	284	332	473
2012	788	304	484	536
2013	820	322	498	571
2014	842	341	501	597
2015	858	354	505	666
2016	888	379	508	744
2017	915	403	513	1177

资料来源：《中国统计年鉴2018》。

（二）企业部门

在国际金融危机之前，企业部门的高储蓄也是经常账户余额上升的重要来源。不同性质企业所面临的融资约束是解释国际金融危机之前中国经常账户盈余高企的流行观点之一。中国企业所面临的融资约束促使许多中国企业——特别是私营企业选择内源融资，即通过积累的利润进行再投资，作为外部融资的替代方案，企业储蓄率上升。然而，这一理论似乎也不太适用于解释2007年后中国经常账户余额的下降。尽管企业储蓄率有所下降（从2009年的19%下降到2017年的13%），但储蓄率的下降并非由融资约束情况的改善带来。在国际金融危机之后，中国经济整体的流动性是上升的，但小企业和民营企业获得的外源性融资仍然有限制。从利率的视角看，整体的流动性是适度宽松的，但根据中国人民银行的数据，衡量金融信贷总体供给的社会融资总额增长率从2009年的34.8%下降到2018年的9.8%。国有企业和民营企业面临的融资约束仍然存在差异。表6-3尝试分析了国有企业和民营企业三重视角的融资差异，作为融资约束差异的衡量。方法1和方法2显示了国有企业和民营企业总体的融资成本。方法1关注工业企业数据，分析了工业企业中国有企业和民营企业的平均利息支付与总债务的比率，作为国有企业和民营企业的偿债成本。根据方法1的测算，国际金融危机后国有企业和私营企业的偿债成本差距有所扩大。方法2则将方法1分母中的总债务改为中长期债务，私营企业显著高于国有企业，反映中长期的融资对于私营企业而言较难获得，方法2所反映的融资约束有所改善，但国有企业与私营企业的平均差距仍高达10个百分点。我们还使用方法3对债券市场发行数据反映的企业融资成本做补充观察，它衡量的是国内债券市场债券发行的年度利率均值，对债券市场的补充观察也表明，在国际金融危机之后，民营企业的债务融资利率相对于国有企业更高。

表 6-3　　国有企业和私营企业的借款成本估计（%）

年份	方法 1 国有企业	方法 1 民营企业	方法 2 国有企业	方法 2 民营企业	方法 3 国有企业	方法 3 民营企业
2006	1.72	2.17	4.60	18.69		
2007	1.86	2.40	5.05	20.60		
2008	2.15	2.61	5.58	20.13		
2009	1.87	2.33	4.59	15.59	4.36	5.95
2010	1.82	2.40	4.64	16.29	4.13	3.78
2011	2.31	2.91	6.32	18.86	5.68	6.24
2012	2.54	3.12	6.67	19.18	5.71	6.30
2013	2.05	2.93	5.09	17.62	5.55	6.17
2014	1.94	2.86	5.27	15.84	6.24	7.27
2015	1.60	2.56	4.26	13.17	5.03	5.92
2016	2.13	2.35	6.08	12.49	4.14	5.35
2017	1.28	2.17	3.98	12.21	5.50	6.26

注：测算方法：方法 1：借款成本＝利息支出×100/负债总额；

方法 2：借款成本＝利息支出×100/中长期负债合计。

方法 1 和 2 基于国有企业和私营企业的汇总财务数据（来源：Wind）。

方法 3 是国企和民营企业在国内债券市场的年均发行率（%）。数据来源为 Dealogic 数据库，数据库提供中国公司的债券发行利率。

资料来源：Wind、Dealogic，笔者计算。

正如前文所述，在国际金融危机之前，企业较少分红也是带来企业储蓄率较高的一个重要原因。正如图 6-2 所示，2008 年以来，企业分红占企业储蓄的比重有显著上升，平均大约上升了 10 个百分点。但是，企业分红的流向并不是居民部门，居民部门所获得的企业分红占比有所上升，但是上升的幅度有限。自2010年以来，支付给政府部门的红利有非常显著的增加，部分原因是国有企业分红用于充实社保账户资金，这和传统文献中理解的分红有所不同。某种意义而言，分红带来企业储蓄率的下降，充实社保账户带来政府部门储蓄率的上升，随着社保账户的充实，其还通过社会安全网效应降低家庭部门的储蓄倾向。

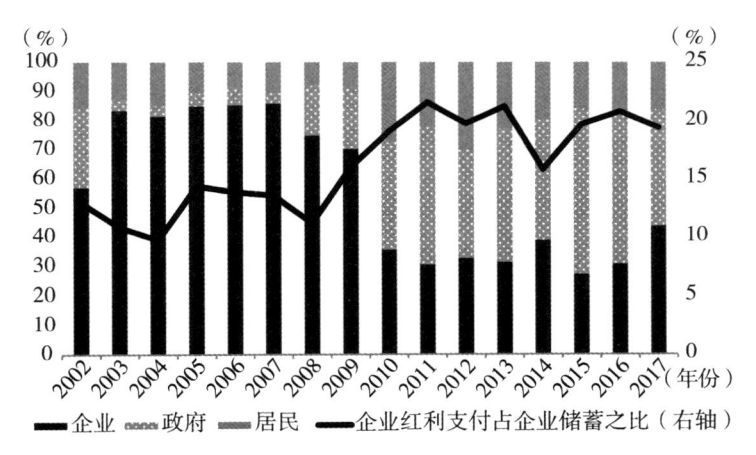

图6-2 三个部门所获得的红利占比和企业储蓄中的红利份额

资料来源：CEIC，资金流量表，笔者计算。

最后，企业盈利能力的下降也有助于解释经济疲软背景下企业储蓄率的下降。2005年至2007年间，工业企业的利润增长率平均为37%，但在2009年至2010年期间萎缩至21.6%（图6-3）。自2014年起，工业企业利润率增速的下降趋势一直持续，2014—2015年的平均利润增速不到5%。

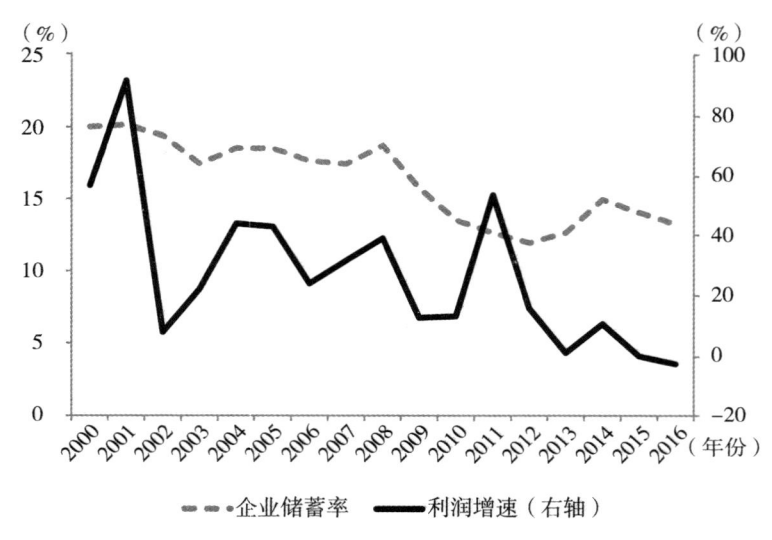

因此，企业利润下降是导致企业储蓄下降的重要原因。

图 6-3 利润增长与企业储蓄率

资料来源：CEIC，笔者计算。

（三）政府部门

中国不断扩大的财政赤字和不断降低的经常账户余额之间存在较为一致的共同趋势（图6-4）。在国际金融危机之前，中国的经常账户持续处于顺差状态，从2000年到2007年，中国公共财政余额占GDP的比重在-3%—-1%波动，赤字最多的年份占比为-2.2%。2007年，甚至出现了财政盈余。但在国际金融危机爆发后，随着4万亿元投资计划和减税降费政策的实施，政府公共财政收支余额占GDP的比重从2008年的接近于0扩大到2017年的-3.7%。尽管财政政策的主旨在于减少居民和企业负担，刺激消费与投资。但是，在全球贸易蓬勃发展、资本流动不断增强的时期，财政政策必然会对中国的外部经济状况产生影响。二者之间的统计关系在图6-4中可以看到。

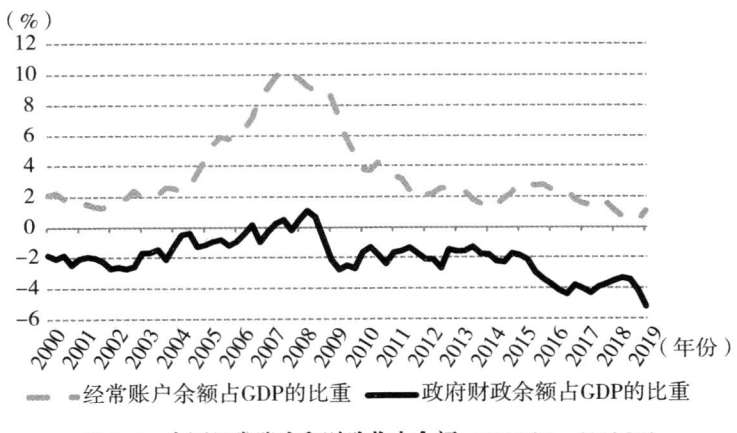

图6-4 中国经常账户和财政收支余额（2000Q1—2019Q1）

说明：政府财政余额选取中国季度一般公共财政余额（即每月财政部公布的财政支出减去收入之差在季度层面的加总）占GDP的比例［按照四季度滚动累积（Trailing Sum）计算以消除季节性因素的影响］来测度中国的财政政策力度。进一步，我们为了考察当期财政政策的力度，采用决算口径，不考虑调入资金及使用结转结余的部分。

资料来源：CEIC，笔者测算。

作为经常账户内部视角的两端，财政赤字的扩张本身是经常账户扩张的一部分，同时政府开支的上升也可能对居民和企业部门的储蓄投资行为产生影响，如若政府扩张性的开支具备挤出效应，则私人部门投资下降，若政府支出和私人部门支出互补，则私人部门投资将上升，若财政开支与社会保障的扩大相关，则还可能降低私人部门的储蓄率。此外，财政余额和经常账户余额的变化本身可能都受到经济增长的影响。根据上一章专栏2中的测算，中国扩张性的财政政策确实对经常账户余额的下降产生作用。

总结来看，在国际金融危机之后，中国经常账户余额出现了较大规模的下降，将这一下降来源同危机前较为流行的理论进行对照，有较多理论在经常账户顺差高企的时期成立，但并不能较好地对应经常账户顺差缩窄时的情况，或者说，其内在的调整机制可能已经发生较为显著的变化。对应三部门的情况，经常账户走势的变化较有可能是由以下因素驱动的。

第一，居民部门：由于社会保障覆盖面的扩大，预防性储蓄减少，从而降低了居民部门的储蓄率。

第二，企业部门：中国经济放缓减少了企业利润，从而降低了企业储蓄率。

第三，政府部门：在金融流动性宽松的环境中，财政赤字扩张促进了私人投资，从而减少了经常账户余额。

二 新冠疫情对经常账户的影响

本书前述章节的分析表明，以国际金融危机为分水岭，中国的经常账户余额经历了快速的上升以及随后下降的两个

第六章 总结与展望

阶段。至2018年时，经常账户已经接近于平衡状态，在单季度甚至出现逆差。2018年中，中美经贸摩擦开始，对于加征关税预期带来的抢出口效应使得2019年经常账户余额出现回升，在当时，普遍预期是抢出口结束后经常账户又将向基本平衡收敛。但随后，2020年新冠疫情暴发，中国快速复工复产，经济迅速复苏，中国的生产填补了他国因为隔离措施带来的生产中断，中国产品在全球出口市场的份额迅速上升，货物贸易出口快速扩张，这使得2020年中国经常项下货物贸易顺差出现较大幅度的回升。而边境封闭措施使得出境旅游受限，导致服务贸易逆差大幅度下降。两项因素叠加，使得中国的经常账户顺差在2020年显著上升。2020年、2021年和2022年，中国经常账户占GDP的比重分别为1.7%、1.8%和1.8%（见图6-5）。

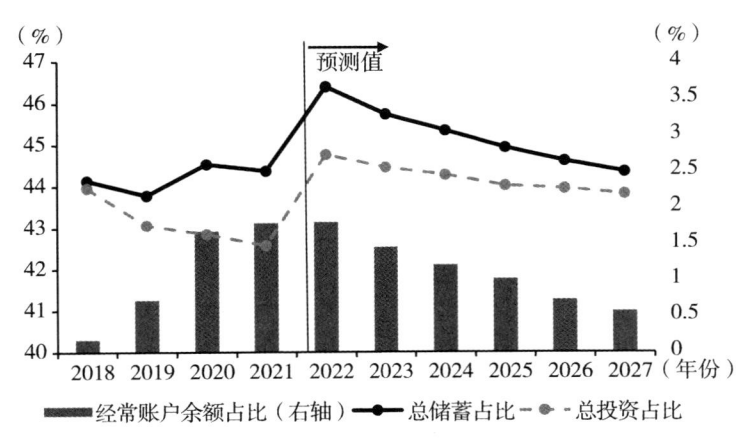

图6-5 中国的经常账户、总储蓄、总投资占GDP比重的走势

资料来源：IMF WEO 数据库，2022年10月版。

从内部视角如何理解经常账户在新冠疫情下的变化？从图6-5反映的储蓄和投资情况的变化来看，2020—2021年，储蓄率较疫情前上升，2022年储蓄率进一步上升，投资则是呈现在2020年和2021年下降，在2022年上升的态势，但2022年的投资率上升的同时储蓄率上升了更多。上述储蓄和投资行为的变化如何反映了分部门居民、企业和政府的行为？由于资金流量表的数据仅到2020年，因此，在资金流量表数据分析的基础上，本节还将基于三部门更为细致的高频数据，对上述特征加以分析。

基于改进方法二对资金流量表中三部门储蓄率和投资率的测算（表3-3），2020年经常账户顺差的主要来源是居民部门储蓄率的上升，相较于2019年，储蓄率上升了近3个百分点。与之相对应的，企业部门的储蓄率和投资率较上年变化不大，政府部门为应对疫情采取扩张性财政政策，储蓄率出现了负值，为-0.46%（未调整方法的储蓄率为-2.39%），投资率有小幅上升。从分部门的储蓄率和投资率的分解来看（表3-4），居民部门储蓄率的上升主要来自储蓄倾向的上升，从2019年的38.45%上升至2020年的41.40%，居民部门收入的占比上升约1.78个百分点。这反映出在疫情的不确定环境之下，居民部门的预防性储蓄上升。

从更高频的数据来看，自2020年以来，三个部门的内部调整较为明显。第一，居民部门的储蓄情况与资金流量表反映的情形一致（图6-6）。中国居民部门的储蓄在疫情后迅速上升，居民的储蓄倾向上升明显，这充分反映了在疫情冲击之下，居民部门预防性储蓄的动机上升。居民储蓄倾向在2020年第4季度到达高点，随后开始下降，在2022年第1季度后又再次回升，反映了在疫情没有完全得到控制的情况下，居民部门的消费信心完全恢复还需要时间。在2023年，扩大内需、促进消费也成为促进增长的主基调。

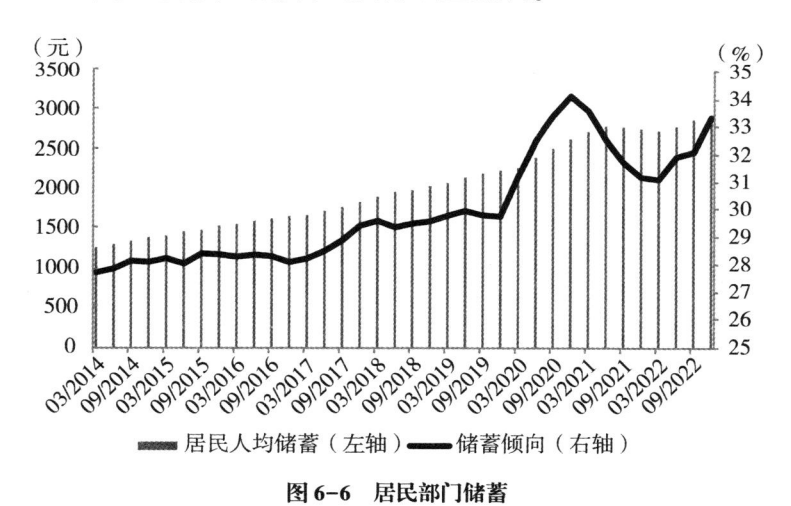

图6-6 居民部门储蓄

注：居民部门储蓄数据进行了四季度移动平均季节调整，居民部门储蓄倾向由居民部门储蓄除以居民部门可支配收入得来。原始数据为季度累计数。

资料来源：CEIC。

第二，从企业部门的情况来看，图6-7和图6-8展示了工业企业利润累计同比增速和固定资产投资累计同比增速。反映企业储蓄的企业利润累计同比增速在2020年出现了较为明显的下滑，但是同期企业投资也出现了较为明显的下降，企业利润和企业投资的同步性使得企业部门的储蓄和投资缺口变动可能相对比较缓慢。2021年，企业利润同比增速转正，不过其中也有上年负增长的基期效应，企业投资则延续了2020年的低迷状态，这使得企业部门的储蓄和投资缺口变大，对2021年的经常账户顺差形成支撑力量。2022年，企业利润同比增速在上半年呈现小幅正增长，下半年转为负增长，固定资产投资同比增速大幅转正，对总投资的上升（见图6-5）起到了显著的提升作用。

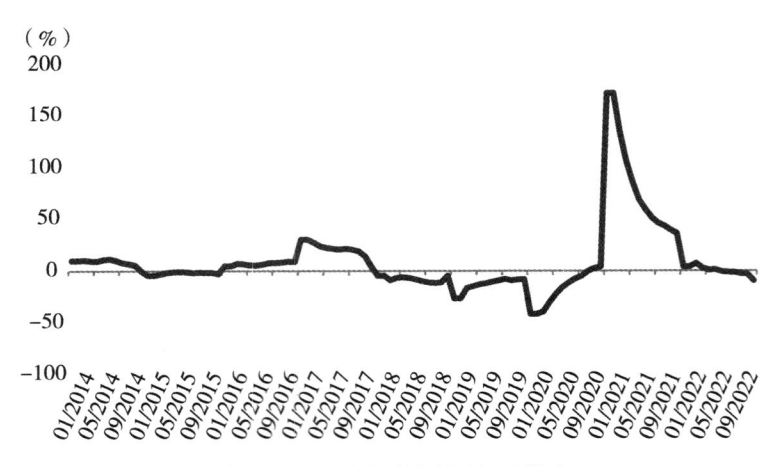

图6-7 工业企业利润累计同比增速

资料来源：CEIC。

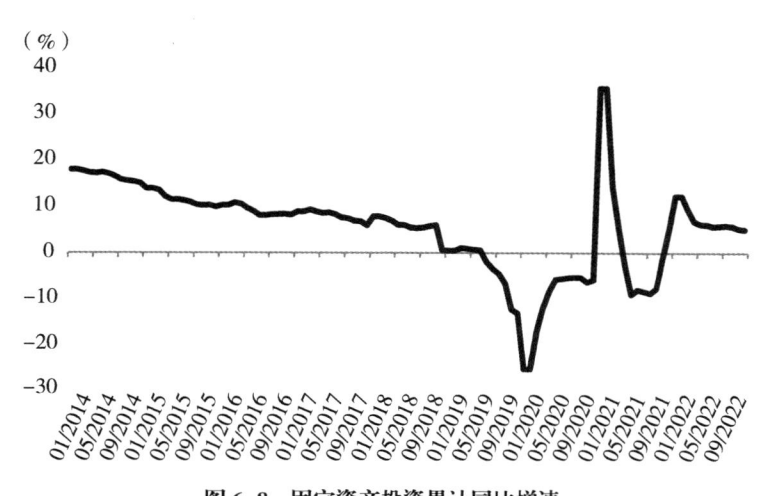

图 6-8　固定资产投资累计同比增速

资料来源：CEIC。

第三，从政府部门的情况来看，疫情之后财政赤字占 GDP 的比重有了较大幅度的提升，政府部门的投资大于储蓄，是赤字的贡献者之一。中国的财政赤字率在 2020 年扩大至 6.2%，较 2019 年上升了 1.2 个百分点。不过，中国应对新冠疫情的宏观经济政策总体稳健，赤字的扩大程度较为有限，2021 年和 2022 年的财政赤字占 GDP 的比重分别为 3.8% 和 4.7%（图 6-9）。

总体而言，在疫情冲击之下，中国经常账户顺差不降反升，从外部视角看，这反映货物贸易的韧性和服务贸易的收缩，从内部视角来看，中国居民和企业部门的净储蓄有一定的支撑，且部分抵消了政府应对疫情的潜在赤字，这带来了

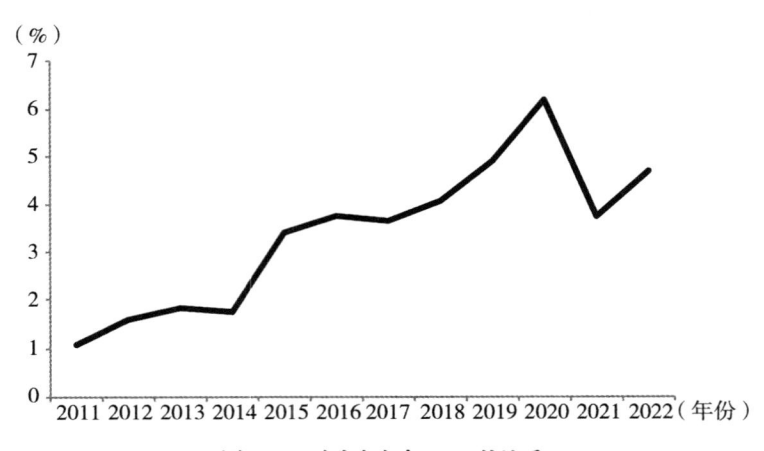

图 6-9　财政赤字占 GDP 的比重

数据来源：CEIC。

中国经常账户的顺差上升。从未来的展望来看，居民储蓄将显著回落，如果居民储蓄回落，则需要观察企业部门的储蓄（即利润或收益）是否能摆脱疫情的不利影响而顺利回升，以弥补居民储蓄的不足。此外，企业投资和政府主导型的投资是否会上升，也是决定后续中国经常账户走势的关键因素。

三　中国顺差国角色展望

关注中国经常账户走势还有一层重要含义，在 21 世纪初全球失衡高企的时期，中国是全球重要的顺差国，而美国则是重要的逆差国。但中国作为顺差国的重要性并非常态，历史经验表明（专栏 3），2000 年以来，全球失衡在逆差国的集中度始终高于顺差国，即全球失衡在逆差国端集中于少数国家——主要是美国、英国等金融市场较为发达的国家，但是承担为失衡融资的义务则分散在诸多的顺差国（包括中国、德国、日本等）。这意味着在全球范围内，顺差国之间有较强的替代性为逆差国的失衡进行融资。在这样的背景下，我们有必要对中国的顺差国角色做一展望。

专栏 6-1　2000—2020 年的全球失衡集中度

自 2001 年开始，全球失衡持续上升，并在 2006 年达到历史高点，以全球各国经常账户规模绝对值之和衡量的全球失衡规模占全球 GDP 的比重达到 5.5%。然而，2008 年国际金融危机爆发之后，全球失衡的规模大幅度下降，从 2008 年的 5.3% 迅速下降至 2009 年的 3.6%，并且再未回到此前高点。近年来全球失衡的态势总体平稳并略呈下行态势。尽管在 2015—2016 年，国际金融危机和欧债危机的冲击逐渐过去，全球失衡在少数国家又呈现上行之势，引发研究人员再度关注，但是从事后的数据来看，全球失衡仍处于一个下行区间。2019 年全球失衡水平为 2.9%。因此，规模维度的指标与直观判断基本相符，即全球失衡规模在 2007—2009 年金融危机中就出现大幅度下降，而这一趋势在过去几年仍然得以延续，尽管下降幅度有所变缓。全球失衡的这一缓和态势在疫情期间出现反转。应对疫情史无前例的货币和财政政策扩张，造成政府部门赤字激增。上一轮国际金融危机前，私人部门资产负债表恶化（尤其是住房抵押贷款大规模扩张）导致经常账户赤字扩大，危机的冲击使得这一部分的赤字显著下降。然而，本轮应对新冠疫情的纾困政策使得私人部门尤其是居民部门的资产负债表得以保全乃至改善。但是，与之相对应的是各国都开始大规模增加财政赤字来支撑经济，从政府部门开始引致了更高的经常账户赤字水平。全球失衡趋势又呈现出重新上升的趋势。从全球失衡的规模来看，各国经常账户盈余和赤字之和占全球GDP的比例从2019年的2.8%上升至2020年的3.2%。

借鉴产业组织理论中测算市场集中度的赫芬达尔－赫希曼指数（Herfindahl-Hirschman Index，HHI），我们提出全球失衡的集中度指标：

$$GI_c = \sum_i \left(\frac{|CA_i|}{\sum_i |CA_i|} \right)^2$$

GI_c指数衡量各国经常账户余额占全球所有经常账户余额绝对值之和的百分比的平方和，集中度的取值区间为（0，10000），数字越大，表明全球失衡越集中于少数经济体，数字越小，则越分散。我们进一步将国家区分为顺差国和逆差国，得出顺差国和逆差国的集中度指标GI_{cs}和GI_{cd}：

$$GI_{cs} = \sum_{\forall i, CA_i > 0} \left(\frac{|CA_i|}{\sum_{\forall i, CA_i > 0} |CA_i|} \right)^2$$

第六章　总结与展望

$$GI_{cd} = \sum_{\forall i, CA_i<0} \left(\frac{|CA_i|}{\sum_{\forall i, CA_i<0} |CA_i|} \right)^2$$

专图6-1反映了顺差国和逆差国的失衡集中度在2000—2020年的变化。可以看出，逆差国的集中度始终显著高于顺差国，顺差国的失衡持续分散于较多国家，而逆差国则相对集中。

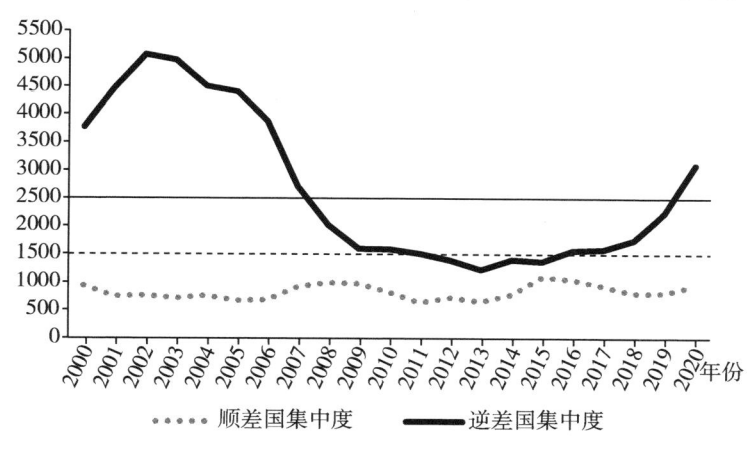

专图6-1　全球失衡集中度（2000—2020年）

说明：图上辅助线中的虚线对应的GI_c指数值为1500，实线对应的GI_c指数值为2500，参考美国司法部和联邦贸易委员会（2010年）的标准[①]，分别对应竞争、低垄断和高垄断市场。

资料来源：IMF WEO 数据库（2021年4月），笔者计算。

---

① U. S. Department of Justice and the Federal Trade Commission, "2010 Horizontal Merger Guidelines", 2010, https：//www.justice.gov/atr/horizontal‑merger‑guidelines‑08192010#5c.

储蓄—投资视角的中国经常账户研究

分时间段来看，在2008年国际金融危机之前，逆差国的集中度非常高，国际金融危机在逆差国的爆发和演进，是全球失衡集中的反映。在国际金融危机爆发后，许多学者更是将"全球储蓄过剩"以及国际宏观经济协调中未能就"经济再平衡"达成一致视为造成危机的诱因之一。国际金融危机之后，全球失衡在顺差国的集中度保持基本稳定，而逆差国的集中度则出现了显著下降，这显然有利于控制全球失衡的负面影响。然而，2017年之后，逆差国的集中度又上升，2019年时的水平大体相当于2008年国际金融危机时的水平，虽然其水平仍显著低于危机前的高位。新冠疫情出现之后的2020年，逆差国的集中度又出现较为明显的上升，其集中度水平与2007年的水平大致相当，顺差国的集中度则保持相对稳定。作为参考，专图6-1也给出了判定行业集中度的辅助线。如果参照行业垄断程度的标准，那么，顺差国始终处于竞争状态，而逆差国在国际金融危机之前和近期处于高垄断状态。

表6-4展示了2000年以来全球以经常账户绝对规模衡量的十大顺差国和十大逆差国（括号中为绝对规模占该国GDP的比重），从而展示出国家层面的经常账户规模变迁，以更好地从中看出中国作为顺差国的角色变迁。从主要失衡来源国的情况看，逆差国排名第一的国家始终是美国，这与逆差国较高的集中度是吻合的。在2008年国际金融危机后，美国

的经常账户赤字占比有所下降，从危机前的5%下降至2%左右，但新冠肺炎疫情后又上升至3%。另一个重要逆差国是英国，在多数时间，其逆差规模位居第二。

顺差国中排名第一的国家在过去二十年中不断变化。21世纪初，最大的顺差国是日本。2005—2009年最大的顺差国是中国，这一时期也是"全球失衡"讨论最为火热的时期。2008年国际金融危机后，德国成为第一大顺差国，中国的顺差国地位则有所下降，排名逐步下降至第二（2010—2014年）、第三（2015—2019年），德国和日本的顺差增加部分抵消了中国顺差的下降。

从位于前十大顺差国和逆差国中的其他国家来看，处于顺差国地位的国家相较于处于逆差国地位的国家更为稳健。在二十年间，除了中、日、德三大顺差国外，瑞士、荷兰、新加坡和俄罗斯均持续处于前十大顺差国之中。瑞士和新加坡均属于区域内小型开放经济体，是区域内的金融中心，转口贸易也较多；荷兰属于欧洲的创新和制造业强国，特别是对于光刻机的制造处于全球领先；俄罗斯是大宗商品出口国，包括石油、天然气等在内的矿物燃料是其出口的最大部门。2008年国际金融危机后，2015—2019年新出现的顺差国主要反映了两个特征：一是东亚和东南亚区域价值链的作用提升，韩国和泰国进入全球十大顺差国；二是欧债危机之后重债国家的国际收支出现显著调整，意大利由前十大逆差国成为前十大顺差国。意大利的这一变迁实质上也是欧元区重债国在危机之后的调整路径。从前十大逆差国的调整情况来看，在

2008年国际金融危机之前，葡萄牙、意大利、希腊和西班牙四个欧元区重债国均位列于前十大逆差国，而在危机之后，2015-2019年这四国均已不在前十大逆差国之中。除了美国和英国两个最大逆差国之外，澳大利亚是唯一持续位列前十大逆差国的国家，同属于北美贸易区的加拿大和墨西哥也在较多时期位于前十大逆差国中。

表6-4　　全球前十大顺差国和逆差国（2000—2020年）

十大顺差国					十大逆差国				
2000-2004年	2005-2009年	2010-2014年	2015-2019年	2020年	2000-2004年	2005-2009年	2010-2014年	2015-2019年	2020年
日本（3%）	中国（8%）	德国（7%）	德国（8%）	中国（2%）	美国（4%）	美国（5%）	美国（2%）	美国（2%）	美国（3%）
俄罗斯（9%）	德国（6%）	中国（2%）	日本（4%）	德国（7%）	英国（2%）	西班牙（8%）	英国（4%）	英国（4%）	英国（4%）
中国（2%）	日本（3%）	沙特阿拉伯（17%）	中国（1%）	日本（3%）	西班牙（4%）	英国（3%）	巴西（3%）	加拿大（3%）	法国（2%）
瑞士（10%）	沙特阿拉伯（21%）	日本（2%）	韩国（5%）	荷兰（10%）	澳大利亚（5%）	澳大利亚（6%）	印度（3%）	巴西（2%）	土耳其（5%）
德国（1%）	俄罗斯（6%）	荷兰（9%）	荷兰（9%）	韩国（5%）	葡萄牙（9%）	意大利（2%）	加拿大（3%）	印度（1%）	加拿大（2%）
挪威（13%）	荷兰（7%）	瑞士（10%）	俄罗斯（4%）	意大利（4%）	墨西哥（2%）	希腊（12%）	土耳其（6%）	澳大利亚（3%）	伊拉克（15%）
沙特阿拉伯（11%）	挪威（14%）	俄罗斯（3%）	新加坡（17%）	新加坡（18%）	巴西（3%）	土耳其（4%）	澳大利亚（3%）	土耳其（3%）	尼日利亚（4%）

续表

十大顺差国					十大逆差国				
2000-2004年	2005-2009年	2010-2014年	2015-2019年	2020年	2000-2004年	2005-2009年	2010-2014年	2015-2019年	2020年
荷兰(4%)	瑞士(9%)	科威特(39%)	瑞士(8%)	澳大利亚(2%)	希腊(6%)	葡萄牙(10%)	意大利(2%)	印尼(2%)	阿尔及利亚(10%)
加拿大(2%)	科威特(37%)	挪威(11%)	意大利(2%)	俄罗斯(2%)	波兰(4%)	波兰(5%)	法国(1%)	阿尔及利亚(13%)	沙特阿拉伯(2%)
新加坡(17%)	新加坡(21%)	新加坡(19%)	泰国(8%)	瑞士(4%)	土耳其(3%)	印度(2%)	波兰(4%)	墨西哥(2%)	希腊(7%)

注：排名以经常账户余额绝对规模计算，括号中的占比为该国经常账户余额绝对值占该国GDP比重，均四舍五入至个位。

资料来源：IMF WEO 数据库（2021年4月），笔者计算。

针对全球失衡的主要顺差贡献国的历史回顾可以给予两方面的启示。第一，尽管在全球失衡的讨论中，中国是一个重要的对象，但实质上在过去的二十年中，中国仅在很短的时间里是第一大顺差国，而在其他时间中，主要是德国和日本扮演这样的角色。第二，对于赶超型中等强国，保持经常账户顺差仍然是有必要的。德国的经常账户顺差保持在7%—8%的 GDP 占比，日本在3%—4%。日本经常账户顺差的重要来源是对外资产的收益，而欧盟一体化和贸易竞争力是德国持续经常账户顺差的来源。

顺差国相对分散的特征表明，在为逆差国融资这个角色上，顺差国之间存在着较强的替代关系。从疫情前的情况来看，在2010—2019年，以德国、荷兰、瑞士为主的欧洲国家已经替代中国，成为全球最重要的经常账户顺差来源区域，承担对逆差国进行融资的工作。随着亚洲经济稳健发展，部分亚洲国家也保持着较为良好的经常账户顺差格局。除此之外，石油国家依靠大量能源带来的顺差，在某些特定的时期，也会对全球的逆差国进行较为明显的融资。后疫情时期，预计这些国家仍能继续扮演为全球逆差国融资的部分角色，但其承担的规模仍取决于后疫情时期的具体情况，在不同时期各类型国家承担的任务也不尽相同。例如，受到俄乌冲突等新近冲击的影响，俄罗斯作为主要顺差国在冲突爆发后的顺差地位有所增强；大宗商品价格上行背景下，其他大宗商品出口国的顺差地位也有望进一步增强，而对应地，由于欧洲对于俄罗斯天然气和石油的依赖度较高，这会缩窄欧洲的经常账户顺差。

在这一背景下，中国顺差国角色将如何？我们认为，从经常账户的内部视角分析来看，基于前文的分析，中国的经常账户顺差在未来一段时间仍有支撑，但是进一步上升的空间可能相对有限。一方面，中国经济正在进行结构性调整，以消费为代表的内需扩大会降低净储蓄，这一点在消费倾向逐渐恢复之后会更加明显。另一方面，从作为顺差国的承接意愿上来看，绿色发展目标和经济转型目标也可能制约传统出口上升的空间。换言之，尽管中国经济的规模体量决定其将是全球举足轻重的顺差国，但是中国的内部结构调整在过去多年的变化仍然是趋向于减少顺差规模的。

　　此外，还需要关注一种特定的情况，即逆差国的失衡迅速上升和顺差国的融资意愿之间的不匹配。与2008年国际金融危机前的全球失衡不同，近年全球化进程受阻，全球产业链布局愈发从效率导向转为效率与安全并重，离岸外包行为有向"近岸""友岸"重塑之势，但上述这些转变的进程仍具有不确定性，进而加大了不匹配的可能性。顺差国的分散程度可能进一步上升，此时，顺差国与逆差国的经济政策协调将不再聚焦于少数大国之间，而是需要少数逆差国与大量顺差国共同参与处理问题，从而促进世界经济进一步向多边主义方向发展。展望未来，多重冲击下全球经济放缓的趋势，可能会对全球需求产生影响，近期供应链受到的冲击也促使全球化进程出现调整，这些都可能是影响经常账户的新因素。

　　对于中国自身而言，在未来一段时期内是否能进一步保持适度经常账户顺差是值得关注的。在新冠疫情出现之前，中国经常账户余额就降至较低水平，对于中国经常账户未来的走势就有了基本平衡甚至出现轻度逆差的判断，例如，如果查看2019年国际货币基金组织的预测，中国经常账户余额占GDP比重将在2022年由正转为负，逆差水平约在-0.2%—-0.1%。疫情的出现在某种程度上延缓了这种预期的实现，但是在后疫情时代，中国的经常账户将向何处去仍然值得关注。

储蓄—投资视角的中国经常账户研究

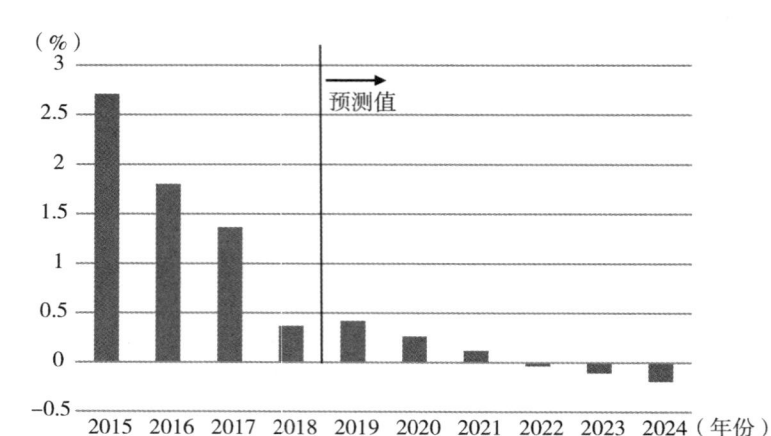

图6-11 国际货币基金组织2019年对中国经常账户走势预测

资料来源：IMF WEO 数据库（2019年4月版）。

正如本书开头所述，经常账户的分析视角有三个，除了外部和内部视角之外，动态视角也很重要，动态视角管制对外净资产的收益率，这一收益情况对经常账户的可持续性产生影响。可以将经常账户余额和对外净资产收益率分别作为两个坐标轴，置于四象限图中进行讨论（见图6-12）。从主要国家的经验来看，有以下几种模式。

第一种模式是处于第一象限的国家，其经常账户为顺差，同时对外净资产的收益率也为正。这一类模式的代表性国家是日本、德国。第二类模式是处于第二象限的国家，其经常账户也为顺差，但处于这一象限的顺差国的对外净资产中，对外总资产的收益低于对外总负债的成本，这意味着该国的投资收益项为负，这一类模式的代表性国家是中国。第三类

第六章　总结与展望

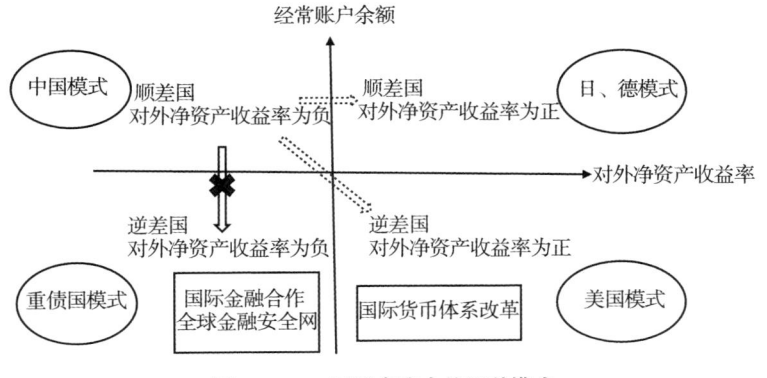

图 6-12　一国经常账户的四种模式

模式是处于第三象限的国家，为逆差国，同时也是净债务国，第三象限中的逆差国为对外总负债支付的成本高于其对外总资产获得的收益，因此该国的投资净收益为负，这将进一步恶化该国的经常账户逆差。这类国家多为重债国，债务危机频发，金融脆弱性较高，在危机之后多轮货币贬值潮中，贬值幅度较大的国家也多属于这一类国家。第四类模式是处于第四象限的国家，也为逆差国和净债务国，但第四象限中的逆差国从其对外总资产中获得的收益高于其为对外总负债支付的成本，因而该国的投资净收益为正，这将有助于改善该国的经常账户逆差。这一模式的代表性国家是美国。美国的对外负债主要为美国国债，由于国际货币体系的特征及美国国债的"安全资产"的属性，美国并不需要为债务支付较高的成本。而美国的对外资产则以直接投资为主，其收益率较高。因此，尽管美国是逆差国，但其因为对外净资产收益率持续为正能保障逆差的可持续。

从防范中国自身金融风险的角度出发，应当关注中国从第二象限国家跌落至第三象限国家的风险。正如前文所述，尽管疫情冲击在一定程度上延缓了中国经常账户向平衡方向的调整，使得中国的顺差国地位得以持续，但是，后疫情时期中国的经常账户仍有下行压力，与此同时，对外净资产的收益率仍然为负，如果经常账户进一步转负，就会跌落至第三象限，继而面临金融稳定恶化的"加速器"效应。

由此，基于上述框架，中国经常账户演进的理想路径应当是向第一象限（日、德模式）或者第四象限（美国模式）发展，这也是金融促进高质量发展的关键问题之一（余永定，2023），次优的路径是维持第二象限的现状，最差的路径是跌落至第三象限。在演进的过程中，向日、德模式和美国模式发展可以并举，一方面，应进一步深化双向开放举措，优化对外资产的结构，提升对外净资产收益率；另一方面，应当继续稳步推进人民币国际化，加快人民币汇率形成机制改革，发展人民币作为国际货币的各项功能，以"一带一路"建设推进人民币真实需求提升。避免跌落至重债国模式则应进一步防范系统性金融风险的积累，加快推进国内各领域结构性改革，提升经济增长的效率和动能。

参考文献

中文文献

白重恩、钱震杰：《谁在挤占居民的收入——中国国民收入分配格局分析》，《中国社会科学》2009年第5期，第99—115页。

樊纲、魏强、刘鹏：《中国经济的内外均衡与财税改革》，《经济研究》2009年第8期，第18—26页。

国际货币基金组织：《国际收支和国际投资头寸手册（第六版）》（BPM6），2009年。

金耀基：《从传统到现代》，时报文化出版事业有限公司1983年版。

李俊青、韩其恒：《不完全金融市场、海外资产结构与国际贸易》，《经济研究》2011年第2期，第31—43页。

李扬、殷剑峰：《中国高储蓄率问题探究——1992—2003年中国资金流量表的分析》，《经济研究》2007年第6期，第 14—26 页。

刘生龙、胡鞍钢、郎晓娟：《预期寿命与中国家庭储蓄》，《经济研究》2012 年第 8 期，第 107—117 页。

田巍、姚洋、余淼杰、周羿：《人口结构与国际贸易》，《经济研究》2013 年第 11 期，第 87—99 页。

佟家栋、云蔚、彭支伟：《新型国际分工、国际收支失衡与金融创新》，《南开经济研究》2011 年第 3 期，第 3—15 页。

万广华、张茵、牛建高：《流动性约束、不确定性与中国居民消费》，《经济研究》2001 年第 11 期，第 35—44 页。

汪伟：《计划生育政策的储蓄与增长效应：理论与中国的经验分析》，《经济研究》2010 年第 10 期，第 63—77 页。

王道平、范小云：《现行的国际货币体系是否是全球经济失衡和金融危机的原因》，《世界经济》2011 年第 1 期，第 52—72 页。

肖立晟、王博：《全球失衡与中国对外净资产：金融发展视角的分析》，《世界经济》2011 年第 2 期，第 57—86 页。

徐建炜、姚洋：《国际分工新形态、金融市场发展与全球失衡》，《世界经济》2010 年第 3 期，第 1—27 页。

徐忠、张雪春、丁志杰、唐天：《公共财政与中国国民收入的高储蓄倾向》，《中国社会科学》2010 年第 6 期，第 93—107 页。

谢千里、罗斯基、张轶凡：《中国工业生产率的增长与收敛》,《经济学(季刊)》2008年第3期。

杨汝岱、陈斌开:《高等教育改革、预防性储蓄与居民消费行为》,《经济研究》2009年第8期,第113—124页。

杨继军:《人口因素如何挑起外贸失衡:现象描述、理论模型与数值模拟》,《国际贸易问题》2010年第11期,第3—12页。

杨盼盼、徐建炜:《中国会步入"双赤字"阶段吗?》,《世界经济研究》2021年第8期,第65—76页。

叶德珠、连玉君、黄有光、李东辉:《消费文化,认知偏差与消费行为偏差》,《经济研究》2012年第2期,第80—92页。

余永定:《多重冲击下的高质量金融发展》,《国际金融》2023年第1期,第26—28页。

余永定、肖立晟:《解读中国的资本外逃》,《国际经济评论》2017年第5期,第97—115页。

中国经济增长与宏观稳定课题组,张晓晶、汤铎铎、林跃勤:《全球失衡、金融危机与中国经济的复苏》,《经济研究》2009年第5期,第4—20页。

朱超、余颖丰、易祯:《人口结构与经常账户:开放DSGE模拟与经验证据》,《世界经济》2018年第9期,第26—50页。

英文文献

Ang, B. W., "Decomposition Analysis for Policymaking in Energy: Which Is the Preferred Method?", *Energy Policy*, Vol. 32, 2004, pp. 1131-1139.

Ang, B. W. , "The LMDI Approach to Decomposition Analysis: A Practical Guide", *Energy Policy*, Vol. 33, 2005, pp. 867-871.

Ang, B. W. and Liu, Na, "Negative-Value Problems of the Logarithmic Mean Divisia Index Decomposition Approach", *Energy Policy*, Vol. 35, 2007, pp. 739-742.

Alfaro, L. , S. Kalemli-Özcan and V. Volosovych, "Why Doesn't Capital Flow from Rich to Poor Countries? An Empirical Investigation", *Review of Economics and Statistics*, Vol. 90, 2008, pp. 347-368.

Aziz J. and L. Cui, "Explaining China's Low Consumption: The Neglected Role of Household Income", IMF Working Papers No. 07/181, 2007.

Bahmani-Oskooee, M. and S. W. Hegerty, "The J- and S-curves: A Survey of the Recent Literature", *Journal of Economic Studies*, Vol. 37, No. 6, 2010, pp. 580-596.

Baxter, M. , "International Trade and Business Cycles", in Grossmann, G. M. and Rogoff, K. , eds. , Handbook of International Economics, Vol. 3, Amsterdam: North Holland, 1995, pp. 1801—1864.

Bernanke, B. , "The Global Saving Glut and the US Current Account Deficit", Sandridge Lecture Speech, 2005.

参考文献

Brooks, R., "Population Aging and Global Capital Flows in a Parallel Universe", IMF Staff Papers, Vol. 50, No. 2, 2003.

Bayoumi, T., Tong, H. and Wei, S. J., "The Chinese Corporate Savings Puzzle: A Firm-Level Cross-Country Perspective", in *Capitalizing China*, Joseph P. H. Fan and Randall Morck, University of Chicago Press, 2013.

Caballero, R. J., Farhi, E., and Gourinchas, P., "An Equilibrium Model of 'Global Imbalances' and Low Interest Rates", *American Economic Review*, Vol. 98, No. 1, 2008, pp. 358–393.

Caballero, R., E. Farhi and P. O. Gourinchas, "The Safe Assets Shortage Conundrum", *Journal of Economic Perspectives*, Vol. 31, No. 3, 2017, pp. 29–46.

Carroll, C. D., Overland, J., and Weil, D. N., "Saving and Growth with Habit Formation", *American Economic Review*, Vol. 90, No. 3, 2000, pp. 341–355.

Carroll, C. D., Rhee, B. and Rhee, C., "Are there Cultural Effects On Saving? Some Cross-Sectional Evidence", *Quarterly Journal of Economics*, Vol. 109, No. 3, 1994, pp. 685–699.

Chamon M. D. and E. S. Prasad, "Why are Saving Rates of Urban Households in China Rising?", *American Economic Journal: Macroeconomics*, Vol. 2, No. 1, 2010, pp. 93–130.

Chen B. K. and Y. Yao, "The Cursed Virtue: Government Infrastructural Investment and Household Consumption in Chinese Provinces", *Oxford Bulletin of Economics And Statistics*, Vol. 73, No. 6, 2011, pp. 856-877.

Chinn, M. and Prasad, E., "Medium-Term Determinants of Current Accounts in Industrial and Developing Countries: An Empirical Exploration", *Journal of International Economics*, Vol. 59, No. 1, 2003, pp. 47-76.

Chinn, M. D. and H. Ito, "Current Account Balances, Financial Development and Institutions: Assaying the World 'Savings Glut'", *Journal of International Money and Finance*, Vol. 26, 2007, pp. 546-569.

Coale, A. J. and Hoover, E., "Population Growth and Economic Development in Low-Income Countries", N. J.: Princeton University Press, 1958.

Cole, H. L., Mailath, G. J. and Postlewaite, A., "Social Norms, Savings Behavior, and Growth", *Journal of Political Economy*, Vol. 100, No. 6, 1992, pp. 1092-1125.

De Gregorio, J. and Wolf, H. C., "Terms of Trade, Productivity, and the Real Exchange Rate", NBER Working Paper, 1994, No. 1255.

Domeij, D. and Martin, F., "Population Aging and International Capital Flows", *International Economics Review*, Vol. 47,

No. 3, 2006, pp. 1013-1032.

Dooley, M. P., Folkerts-Landau, D. and Garber, P., "The Revived Bretton Woods System: The Effects of Periphery Intervention and Reserve Management on Interest Rates & Exchange Rates in Center Countries", NBER Working Paper, 2004, No. 10332.

Dooley, M. P., Folkerts-Landau, D. and Garber, P., "An Essay On the Revived Bretton Woods System", NBER Working Paper, 2003, No. 9971.

Dooley, M. P., Folkerts-Landau, D. and Garber, P., "Bretton Woods II Still Defines the International Monetary System", *Pacific Economic Review*, Vol. 14, No. 3, 2009, pp. 297-311.

Du, Q. Y. and Wei, S. J., "A Sexually Unbalanced Model of Current Account Imbalances", NBER Working Paper, 2010, No. 16000.

Dynan, Karen, Atif Mian and Karen Pence. Is a Household Debt Overhang Holding Back Consumption?. Brookings Papers on Economic Activity, 2012, pp. 299-362.

Edwards S., "Why are Latin America's Savings Rates so Low? An International Comparative Analysis", *Journal of Development Economics*, Vol. 51, No. 1, 1996, pp. 5-44.

Engel, C. and Rogers, J. H., "The U.S. Current Account

Deficit and the Expected Share of World Output", *Journal of Monetary Economics*, Vol. 53, No. 5, 2006, pp. 1063-1093.

Erceg, C. J., Guerrieri, L., and Gust, C., "Sigma: A New Open Economy Model for Policy Analysis", *International Journal of Central Banking*, Vol. 2, No. 1, 2006.

Feng J., L. He and H. Sato, "Public Pension and Household Saving: Evidence From Urban China", *Journal of Comparative Economics*, Vol. 39, No. 4, 2011, pp. 470-485.

Ferrero, A., "Demographic Trends, Fiscal Policy and Trade Deficits", Society for Economic Dynamics Meeting Paper, 2005, No. 444.

Glick, R. and Rogoff, K., "Global Versus Country-Specific Productivity Shocks and the Current Account", *Journal of Monetary Economics*, Vol. 35, No. 1, 1995, pp. 159-192.

Gordon R. J., "Two Centuries of Economic Growth: Europe Chasing the American Frontier", NBER Working Paper, 2004, No. 10662.

Gourinchas, P. and Rey, H., "From World Banker to World Venture Capitalist: US External Adjustment and the Exorbitant Privilege", In Clarida, Richard (ed.), *G-7 Current Account Imbalances: Sustainability and Adjustment*, Chicago: University of Chicago Press, 2007, pp. 11-55.

Gourinchas, P. and Jeanne, O., "Capital Flows to Developing

Countries: The Allocation Puzzle", University of California at Berkeley-Johns Hopkins University, Working Paper, 2009.

Gruber, J. W. and S. B. Kamin, "Explaining the Global Pattern of Current Account Imbalances", *Journal of International Money and Finance*, Vol. 26, 2007, pp. 500-522.

Gruber, J. W. and S. B. Kamin, "Do Differences in Financial Development Explain the Global Pattern of Current Account Imbalances?", *Review of International Economics*, Vol. 17, No. 4, 2009, pp. 667-688.

Guiso, L., Sapienza, P. and Zingales, L., "Does Culture Affect Economic Outcomes?", *Journal of Economic Perspectives*, Vol. 19, No. 20, 2006, pp. 23-48.

Guariglia, A., Liu, X. and Song, L., "Internal Finance and Growth: Microeconometric Evidence on Chinese Firms," *Journal of Development Economics*, Vol. 96, No. 1, 2011, pp. 79-94.

Higgins, M. and Willamson, J. G., "Age Structure Dynamics in Asia and Dependence on Foreign Capital", *Population and Development Review*, Vol. 23, No. 2, 1997, pp. 261-293.

Henriksen, E. R., "A Demographic Explanation of US and Japanese Current Account Behavior", Unpublished manuscript, Carnegie Mellon University, 2002.

Holmstrom, B. and Tirole, J. " Financial Intermediation,

Loanable Funds, and the Real Sector," *Quarterly Journal of Economics*, Vol. 112, No. 3, 1997, pp. 663-691.

Ito, H., and M. D. Chinn, "East Asia and Global Imbalances: Saving, Investment, and Financial Development", in T. Ito and A. Rose, eds., *Financial Sector Development in the Pacific Rim*, National Bureau of Economic Research East Asian Seminar on Economics 18, 2009.

Jin K., "Industrial Structure and Capital Flows", *The American Economic Review*, Vol. 102, No. 5, 2012, pp. 2111-2146.

Ju, J. and Wei, S. "Domestic Institutions and the Bypass Effect of Financial Globalization", *American Economic Journal: Economic Policy*, Vol. 2, No. 4, 2010, pp. 173-204.

Kim S. and Roubini, N., "Twin Deficit or Twin Divergence? Fiscal Policy, Current Account, and Real Exchange Rate in the US", *Journal of International Economics*, Vol. 74, No. 2, 2008, pp. 362-383.

Kollmann, R., "U. S. Trade Balance Dynamics: the Role of Fiscal Policy and Productivity Shocks and of Financial Market Linkages", *Journal of International Money and Finance*, Vol. 17, 1998, pp. 637-669.

Kraay, A. and Ventura, J., "Current Accounts in Debtor and Creditor Countries", *Quarterly Journal of Economics*, Vol. 115, No. 4, 2000, pp. 1137-1166.

参考文献

Lucas, R. E., "Why Doesn't Capital Flow from Rich to Poor Countries?", *American Economic Review*, Vol. 80, No. 2, 1990, pp. 92-96.

Mika Nieminen, Kari Heimonen and Esa Mangeloja, Culture and "Current Account Balances", *Applied Economics Letters*, Vol. 22, No. 11, 2015, pp. 886-890.

McKinnon, R. I., *Money and Capital in Economic Development*, Brookings Institution Press, 1973.

Mendoza, E. G., Quadrini, V. and Rios-Rull, J., "Financial Integration, Financial Development, and Global Imbalances", *Journal of Political Economy*, Vol. 117, No. 3, 2009, pp. 371-416.

Modigliani F. and S. L. Cao, "The Chinese Saving Puzzle and the Life-Cycle Hypothesis", *Journal of Economic Literature*, Vol. 42, No. 1, 2004, pp. 145-170.

Mankiw, N. G. and Weil D. N., "The Baby Boom, The Baby Bust, and the Housing Market", *Regional Science and Urban Economics*, Vol. 19, No. 2, pp. 235-258.

Obstfeld, M. and Rogoff, K., "Exchange Rate Dynamics Redux", *Journal of Political Economy*, Vol. 103, No. 3, 1995, pp. 624-660.

Obstfed, M. and Rogoff, K., *Foundations of International Macroeconomics*, Cambridge: MIT Press, 1996.

Obstfeld M. and Rogoff, K., "Global Imbalances and the Financial Crisis: Products of Common Causes", CEPR Working Paper, 2009, No. 7606.

Oudiz, G. and Sachs, J., "Macroeconomic Policy Coordination Among the Industrial Economies", Brookings Papers on Economic Activity, No. 1, 1984, pp. 1-75.

Prasad, E., Rajan, R. G. and Subramanian, A., "Patterns of International Capital Flows and Their Implications for Economic Development", Federal Reserve Bank of Kansas City Proceedings, 2006, pp. 119-158.

Roubini, N. and Setser, B., "Will the Bretton Woods 2 Regime Unravel Soon? The Risk of a Hard Landing in 2005-2006", Federal Reserve Bank of San Francisco Proceedings, 2005.

Shaw, E. S., *Financial Deepening in Economic Development*, Oxford University Press, 1973.

Song, Z., Storesletten, K. and Zilibotti, F., "Growing Like China", *American Economic Review*, Vol. 101, No. 1, 2011, pp. 196-233.

Sims C. A., "Macroeconomics and Reality", *Econometrica*, Vol. 48 No. 1, 1980, pp. 1-48.

Wei, S. and Zhang, X., "The Competitive Saving Motive: Evidence From Rising Sex Ratios and Savings Rates in China", *Journal of Political Economy*, Vol. 119, No. 3, 2011, pp. 511–564.

Willen, P. S., "Incomplete Markets and Trade", *Working Paper Series*, FRB of Boston Working Paper, 2004, No. 4-8.

Violante, G. L. and O. Attanasio, 2000, "The Demographic Transition in Closed and Open Economy: A Tale of Two Regions", unpublished manuscript.

Wang, Xin and Wen, Yi, "Housing prices and the high Chinese saving rate puzzle", *China Economic Review*, Vol. 23, No. 2, 2012, pp. 265–283.